Einleitung, Land und Leute

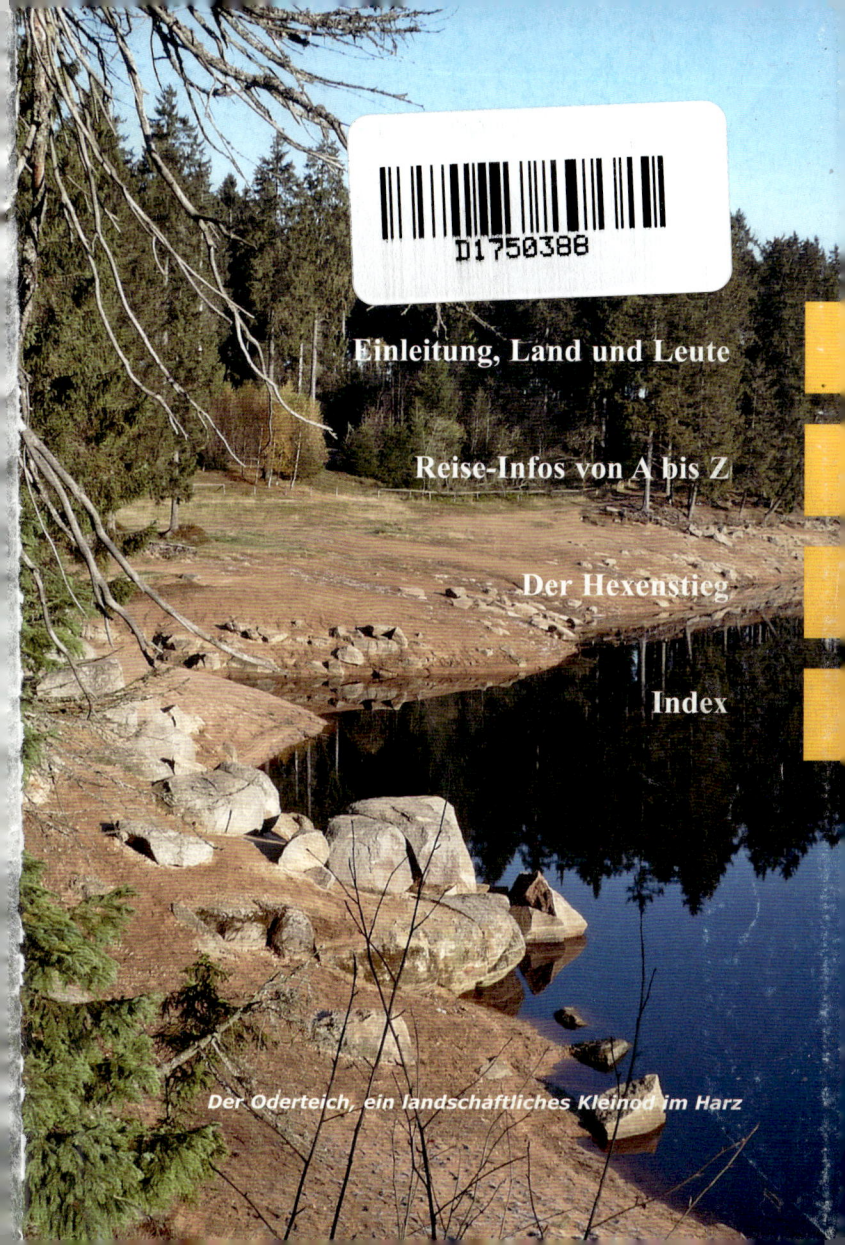

Reise-Infos von A bis Z

Der Hexenstieg

Index

Der Oderteich, ein landschaftliches Kleinod im Harz

Wandern im

Nationalpark Harz

	Hanskühnenburg	13,2km
16B	Stieglitzecke	11,2km
	Schluft	4,5km

18C	Altenau ü. Wolfswarte	13,0km
	Torfhaus ü. Flutgraben	7,5km

Dammhaus 16,4km

Im Nationalpark ist die Markierung nicht nur informativ, sondern auch schön anzusehen

Band 163

OutdoorHandbuch

Andreas Happe

**Harz:
Hexenstieg**

Harz: Hexenstieg

Copyright Conrad Stein Verlag GmbH.
Alle Rechte vorbehalten.

Der Nachdruck, die Übersetzung, die Entnahme von Abbildungen, Karten, Symbolen, die Wiedergabe auf fotomechanischem Wege (z. B. Fotokopie) sowie die Verwertung auf elektronischen Datenträgern, die Einspeicherung in Medien wie Internet (auch auszugsweise) sind ohne vorherige schriftliche Genehmigung des Verlages unzulässig und strafbar.

Alle Informationen, schriftlich und zeichnerisch, wurden nach bestem Wissen zusammengestellt und überprüft. Sie waren korrekt zum Zeitpunkt der Recherche. Eine Garantie für den Inhalt, z. B. die immerwährende Richtigkeit von Preisen, Adressen, Telefon- und Faxnummern sowie Internetadressen, Zeit- und sonstigen Angaben, kann naturgemäß von Verlag und Autor - auch im Sinne der Produkthaftung - nicht übernommen werden.

Der Autor und der Verlag sind für Lesertipps und Verbesserungen (besonders per E-Mail) unter Angabe der Auflagen- und Seitennummer dankbar.

Dieses OutdoorHandbuch hat 160 Seiten mit 51 farbigen Abbildungen sowie 20 farbigen Kartenskizzen im Maßstab 1:60.000, 10 farbigen Höhenprofilen und einer farbigen, ausklappbaren Übersichtskarte. Es wurde auf chlorfrei gebleichtem, FSC®-zertifiziertem Papier gedruckt, in Deutschland klimaneutral hergestellt und transportiert und wegen der größeren Strapazierfähigkeit mit PUR-Kleber gebunden.

FSC
www.fsc.org
MIX
Papier aus ver-
antwortungsvollen
Quellen
FSC® C009051

Klimaneutral
Druckprodukt
ClimatePartner.com/10951-1905-1007

Dieses Buch ist im Buchhandel und in Outdoor-Läden erhältlich und kann im Internet oder direkt beim Verlag bestellt werden.

OutdoorHandbuch aus der Reihe „Der Weg ist das Ziel", Band 163

ISBN 978-3-86686-613-3   3., überarbeitete Auflage 2019

© Basiswissen für draussen, Der Weg ist das Ziel und FernwehSchmöker sind urheberrechtlich geschützte Reihennamen für Bücher des Conrad Stein Verlags

Text und Fotos: Andreas Happe
Karten: Heide Schwinn
Lektorat: Anna-Lena Ebner
Layout: Alexandra Sauerland

Gesamtherstellung: gutenberg beuys feindruckerei

Dieses OutdoorHandbuch wurde konzipiert und redaktionell erstellt vom:

Conrad Stein Verlag GmbH, Kiefernstr. 6, 59514 Welver,
☎ 023 84/96 39 12, FAX 023 84/96 39 13,
✉ info@conrad-stein-verlag.de,
🖳 www.conrad-stein-verlag.de

Besuchen Sie uns bei Facebook & Instagram:

www.facebook.com/outdoorverlag

www.instagram.com/outdoorverlag

Titelfoto: Rund um den Brocken treten die Granitklippen deutlich hervor

Inhalt

Einleitung	8
Der Hexenstieg	8
Land und Leute	9
Geschichte	10
Geografie und Geologie	11
Flora und Fauna	12
Hexenglaube und Walpurgisnacht	14
Reise-Infos von A bis Z	17
Anreise, Abreise und Fahrt zwischen Osterode und Thale	18
Ausrüstung	19
Camping	19
Einkaufen	20
Essen und Trinken	20
Etappen- und Zeiteinteilung	21
Geld	21
GPS	22
Harzklub e. V.	22
Harzer Schmalspurbahnen (HSB)	22
Information	24
Klima, Wetter, Reisezeit	24
Literatur: Bücher und Karten	25
Markierung	25
Medizinische Versorgung	26
Nationalpark Harz	26
Post	27
Radfahren – Mountainbike	28
Tages-, Wochenend- und Rundtouren	29
Telefon und Internet	29
Unterkunft	29
Updates	30
Verkehrsmittel am Weg – ÖPNV	30
Wandern mit Hund	31

Wandern von West nach Ost?		31
Wandern ohne Gepäck		31

Der Hexenstieg — 32

Routen- und Etappenübersicht		33
1. Etappe: Osterode – Clausthal	13,6 km	34
2. Etappe: Clausthal (Entensumpf) – Torfhaus	19,5 km	53
3. Etappe: Torfhaus – Schierke (Ahrensklint)	16,1 km	67
3.1 Variante:	22,1 km	79
Brockenumgehung: Torfhaus – Braunlage (Wurmbergbahn)		
3.2 Variante:	12,1 km	95
Brockenumgehung: Braunlage – Steinbachtal (– Rübeland)		
4. Etappe: Schierke (Ahrensklint) – Rübeland	20,0 km	105
4.1 Variante:	13,0 km	118
Südumgehung: (Schierke –) Königshütte – Hasselfelde		
4.2 Variante:	10,3 km	127
Südumgehung: Hasselfelde – Altenbrak (– Treseburg)		
5. Etappe: Rübeland – Treseburg	18,5 km	133
6. Etappe: Treseburg – Thale	9,5 km	146

Index — 156

Einleitung

Der Hexenstieg

Von West nach Ost durchzieht der Hexenstieg auf ca. 100 km das nördlichste Mittelgebirge Deutschlands, den Harz. Wie der Bug eines Schiffes ragt dieser in die Norddeutsche Tiefebene.

2003 eingerichtet erfreute sich die äußerst attraktive Trekkingroute von Osterode über den Brocken nach Thale schnell großer Beliebtheit. Verwunschene Pfade, idyllische Waldgaststätten, romantische Seen, wilde Felsklippen und tolle Aussichtspunkte prägen die Tour. Die historischen Berg- und Wasserbauanlagen, der Nationalpark und das berühmte Bodetal gehören zu den sehenswertesten Landschaften Deutschlands. Schon 2007 wurde der Trek daher als Qualitätswanderweg qualifiziert und gehört heute zu den „Top Trails of Germany".

Der Name des Fernwanderweges bezieht sich auf die im Harz allgegenwärtigen Hexen, die in der Nacht zum ersten Mai auf dem Brocken und dem Hexentanzplatz über dem Bodetal ihr Unwesen treiben.

In diesem Führer ...

... beschreibe ich neben der Hexenstieg-Hauptroute auch die offizielle Südroute und die Brockenumgehung. Zusätzlich empfehle ich Varianten und Abstecher. Ich weise auf Sehens- und Besuchenswertes am Wegesrand hin und gebe einen Überblick über den Harz als Natur- und Kulturlandschaft. Übernachtungstipps, Adressen und praktische Informationen – übrigens auch für Zelt-Trekker – machen das Buch zu einem kleinen Reiseführer, der alles bietet, was man zur Organisation des Hexenstieg-Treks braucht.

Die Varianten führen durch besonders schöne Landschaften oder erschließen dem Wanderer die Orte in der Nähe der Hauptroute

Land und Leute

Auf dem Goetheweg zum Brocken

Geschichte

Obwohl es in den Randgebieten des Harzes zahlreiche Fundstellen von urgeschichtlichen Siedlungen gibt, setzte die systematische Besiedelung des Gebirges erst gegen 950 n. Chr. ein. Vorher nutzten die sächsischen Könige das bis dahin herrenlose Mittelgebirge vor allem als **Jagdrevier**.

Größere Handelswege, die die Fürsten- und Königshöfe miteinander verbanden, führten zunächst um den Harz herum. Um 900 n. Chr. wuchsen die ersten **Verbindungswege** in und über den Harz. Die ersten Dörfer und landwirtschaftlich nutzbare Flächen entwickelten sich als Rodungsinseln im Wald. Heutige Ortsnamen, die auf -rode, -hagen oder -feld enden, deuten auf eine solche Entstehung hin.

Im Jahr 968 wurden beachtliche Vorkommen von **Silbererz** bei Goslar entdeckt. Ein wirtschaftlicher Aufschwung setzte ein und Goslar und sein Umland erlangten in kurzer Zeit einen gesicherten Wohlstand. Die Stadt prosperierte auch in ihrer politischen Bedeutung als Kaiserpfalz. Die Regenten vergaben die Ausbeutung von weiteren Erzvorkommen (Eisen, Kupfer, Blei, Zink und Arsen) als Lehen an Städte und Klöster, sodass immer mehr Menschen Arbeit und Auskommen im Bergbau und der Metallverarbeitung, aber auch in der Versorgung der Bergbauregionen fanden.

Zum Abstützen der Gruben, zum Bau der Wasseranlagen und zur Verhüttung des Erzes mit Holzkohle war der **Holzbedarf** sehr hoch, sodass große Waldflächen abgeholzt wurden. Die notwendige Energie zum Fördern des Erzes und zum Betrieb der Pumpen gegen eindringendes Grubenwasser gewann man aus **Wasserkraft**, die durch das Anlegen von Teichen (kleinen Stauseen), Gräben (befestigten Kanälen) und Wasserläufen (unterirdischen Stollengräben) gewonnen wurde. Wasser durch Wasser heben, hieß eine Devise der Harzer Ingenieure.

Das Wüten der **Pest** brachte den Bergbau im späten Mittelalter vorübergehend zum Erliegen. Eine zweite **Blütezeit** des Bergbaus im Harz begann im 16. Jahrhundert, nachdem Arbeitskräfte aus dem Erzgebirge angeworben worden waren. Die Oberharzer Bergstädte wie Clausthal-Zellerfeld, St. Andreasberg und Altenau erhielten als besonderes Privileg die sogenannte „**Bergfreiheit**", die u. a. Steuerfreiheit und gewerbliche Sonderrechte verbriefte. Als sich die Erzvorkommen erschöpften, verarmte die Bevölkerung und die Kumpel verließen mit ihren Familien den Harz. Ihr Know-how war in anderen Bergbauregionen sehr gefragt.

Ab Mitte des 19. Jahrhunderts, besonders aber nach dem Bau der Harzer Schmalspurbahn zum Ende des Jahrhunderts, milderte der einsetzende **Tourismus** die Not und es ging langsam wieder aufwärts. Doch trotz der beeindruckenden Natur und vieler Sehenswürdigkeiten blieb der Harz eine der ärmeren Regionen Deutschlands.

Ein weiterer Rückschlag war die Teilung Deutschlands nach dem Zweiten Weltkrieg, bei der die **„Zonengrenze"** mitten durch den Harz gelegt wurde. Das Brockenplateau und andere grenznahe Gebiete waren ab Kriegsende scharf bewachtes militärisches Sperrgebiet der DDR, in das selbst Einheimische nur mit einem Sonderausweis Zutritt hatten.

Geografie und Geologie

Der Harz ist ein über 100 km langes und zwischen 30 und 40 km breites **Schollengebirge**. Neben dem Wurmberg (971 m) und der Achtermannshöhe bei Braunlage (926 m) ist der Brocken mit 1.142 m Höhe nicht nur der höchste Berg des Harzes, sondern ganz Norddeutschlands.

Die **Harzlandschaften** sind durch Hochebenen mit Mooren, eindrucksvolle Kerbtäler, Bergwiesen und zahlreiche Teiche, aber auch durch aufragende Bergketten, Klippen, Blockfelder, Fichten- und Laubmischwälder sowie lang gestreckte und manchmal sehr schmale Täler charakterisiert.

Raues **Bergklima** mit teils heftigem Niederschlag, schweren Stürmen und schneereichen Wintermonaten mit grimmiger Kälte machen den Hochharz einzigartig. Im Frühling leuchten die Laubwälder in frischem Grün und an sonnigen Herbsttagen färben sich Wald-, Moor- und Wiesenlandschaften in unglaublichen Farben. Im Sommer locken unzählige Seen, in denen man meist auch baden kann.

Der Harz ist das **geologisch** vielfältigste unter den deutschen Gebirgen. Sedimentgesteine, Metamorphite und Urgesteine sind gleichermaßen zu finden, z. B. als mächtige Granitklippen. Erstere erfreuen den Naturfreund durch typische Karstformen wie Dolinen und Höhlen, Letztere stehen oft wie Türme in der Landschaft und bieten abenteuerliche Klettereien und beste Aussichten.

Die Auffaltung des Gebirges erfolgte vor rund 300 Millionen Jahren nach Auflösung des Urkontinents Pangäa. Die spätere alpidische Gebirgsbildung führte zu weiteren Hebungen und zum Brechen und Verschieben der Gesteinsschichten.

In den westlich des Brockens gelegenen Tälern weisen Moränenablagerungen wie Geröll, Schuttdecken und Sande darauf hin, dass der Harz zu den **Eiszeiten** in geringem Maße vergletschert war.

Der **Oberharz** ist geprägt vom Nationalpark Harz und dem Weltkulturerbe Oberharzer Wasserregal mit seinen unzähligen Seen und historischen Kanälen.

Historisch sind auch die dampfbetriebenen Schmalspurbahnen im Harz. Das Grüne Band der innerdeutschen Grenze, markante Granitklippen, schaurige Hochmoore und die berüchtigten Harzer Hexen setzen weitere Akzente. Viele bewaldete Höhen erreichen über 800 m.

Der **Unterharz** zeigt häufiger offene Landschaften, aber auch Laub- und Mischwälder sowie mäandrierende Wiesenbäche und Flüsse. Burgen, Schlösser, Kirchen und sakrale Figuren geben Zeugnis von einer tausendjährigen wechselvollen Besiedlungsgeschichte. Die größten Höhen liegen bei etwa 400 m.

Die Grenze zwischen dem Oberharz im Nordwesten und dem Unterharz im Südosten liegt auf einer Linie zwischen Bad Lauterberg und Wernigerode.

Flora und Fauna

Das Ökosystem Wald ist natürlich auch im Harz kaum mehr ungestört. Mit dem **Nationalpark** versucht man aber, der wilden Natur ihre freie Entfaltung zu ermöglichen („Natur Natur sein lassen"). Trotzdem sind viele Arten auch hier verschwunden. So wurden beispielsweise Bär (1725), Wolf (1798) und Luchs (1818) im Harz vom Menschen ausgerottet. Uhu, Auerhuhn, Wanderfalke und Haselhuhn starben aus, da sich ihre Lebensräume aufgrund der Bewirtschaftung durch den Menschen erheblich reduzierten.

Zum Teil versucht man auch aktiv, die ursprünglichen Naturverhältnisse wiederherzustellen. So werden heimische Bäume standortgerecht angepflanzt, um eine erneute Verbreitung anzustoßen. **Auswilderungsprojekte** für Luchs und Auerhahn laufen bei Ersterem sehr erfolgreich, das Letztere kann als gescheitert gelten.

 www.luchsprojekt-harz.de,
 www.nationalpark-harz.de/de/natur-erleben/auerhuhngehege

Buchenwälder und Laubmischwälder sind von der untersten bis in die montane Stufe von der Natur her der vorherrschende Waldtyp im Harz. In Lagen um etwa 700 m Höhe werden sie von Buchen-Fichten-Mischwäldern abgelöst. Die Buchenwälder nehmen heute eine erheblich geringere Fläche ein, als es ihrer natürlichen Verbreitung entsprechen würde. Von der Umwandlung in Fichtenforste waren vor allem die Buchenwälder in der montanen Stufe betroffen.

Fichtenwälder natürlichen Ursprungs sind in Niedersachsen nur im Harz vorhanden. Sie kommen in den Hochlagen vor, d. h. ab etwa 800 m Höhe bis knapp unterhalb des Brockens. Aus den vorherrschenden Klimabedingungen ergibt sich ein extremer Lebensraum für seltene und gefährdete Tier- und Pflanzenarten.

Erfolgreicher Artenschutz: Der Luchs ist im Harz wieder heimisch

Natürliche Fichtenwälder weisen relativ wenig Farn- und Blütenpflanzen auf, während die Moos- und Flechtenflora ganz besonders üppig entwickelt ist. Sie finden in einem Klima mit etwa 200 Nebeltagen im Jahr optimale Voraussetzungen, was besonders Flechten weitgehend resistent gegen Luftschadstoffe macht.

Die Oberharzer **Moore** sind Sonderstandorte und die extremen Bedingungen bieten nur speziell angepassten Tier- und Pflanzenarten einen Lebensraum. Andererseits sind diese Arten wenig flexibel und deshalb ganz besonders an ihren Lebensraum gebunden. Durch Ausbeutungsversuche in der Vergangenheit (beispielsweise Torfgewinnung, die aber rasch wegen Unrentabilität aufgegeben wurde) und Trockenlegung sind die Moorflächen zurückgegangen. Heute werden viele Moore aber renaturiert und sind besonders im Nationalpark vor weiterer Zerstörung geschützt.

Fließgewässer im Harz haben trotz intensiver Wasserwirtschaft immer noch Wildbachcharakter. Auch hier kann sich nur eine Flora und Fauna halten, die an die Standortbedingungen besonders gut angepasst ist. Die Bäche und Flüsse gehören zu den artenreichsten Lebensräumen: Beispielsweise durchlaufen Bachforelle, Groppe und Äsche ihre frühen Entwicklungsstadien in der Gebirgsbachzone, während die Karpfenartigen in den Mittel- und Unterläufen vorkommen.

Die Hälfte des Wassers fließt in nur 60 Tagen jährlich ab. Vor allem im Frühjahr müssen die Bäche zur Schneeschmelze und nach heftigen Niederschlägen manchmal das Tausendfache von dem ableiten, was in Trockenzeiten abfließt. Wegen der schnellen Strömung und der daraus resultierenden kräftigen Durchwirbelung ist das Wasser fast immer zu 100 % mit Sauerstoff gesättigt. Weil die meisten Bäche in den Oberharzer Moorgebieten oder in basenarmem Gestein entspringen, weisen sie in Quellnähe niedrige pH-Werte, eine niedrige Gesamthärte und geringe Nährstoffgehalte auf. Moorgebietswasser, das bei starker Verwirbelung schäumen kann, ist aufgrund seiner bräunlichen Färbung als reich an Huminsäuren zu erkennen.

Schon früh legten Menschen künstliche Grabensysteme zur Ausnutzung der Wasserkraft oder zur Be- und Entwässerung von landwirtschaftlich genutzten Flächen an (☞ Oberharzer Wasserregal).

Weitere Infos zur Naturlandschaft finden Sie unter ☞ Reise-Infos von A bis Z, Nationalpark Harz.

Hexenglaube und Walpurgisnacht

Die Wurzeln der späteren Walpurgisfeiern sind germanischen Ursprungs und liegen somit weit zurück in vorchristlicher Zeit: Aus Freude über das Ende des Winters feierte man ein Opferfest. Dabei sollten durch Verkleidungen mit Masken, Lärm und Feuer auch böse Geister vertrieben werden. Name und Inhalt dieses heidnischen Spektakels wurden zur Christianisierung vor etwas mehr als tausend Jahren dem neuen Glauben angepasst.

Der heutige Begriff **Hexe** leitet sich vom althochdeutschen Wort hagazussa (d. h. Zaunweib) ab, das erstmals in Texten des 9. und 10. Jahrhunderts überliefert ist. Dieser Ausdruck wurde später – etwa in der Zeit des Hochmittelalters – für Frauen verwendet, die über Zauberkräfte verfügen bzw. geheime Künste beherrschen sollten.

Ihre dämonischen Fähigkeiten hatten sie angeblich durch einen Pakt mit dem Teufel erhalten, durch den sie Krankheiten und Tod auslösen sowie finanzielle und gegenständliche Schäden anrichten konnten. Ihre magischen Kräfte sollten vor allem zur Osternacht, zum Andreastag oder ganz besonders zur Walpurgisnacht außerordentlich groß sein.

Zu späterer Zeit, etwa im 16. Jahrhundert, kam der Begriff **Hexensabbat** auf. Nach diesem Mythos sammelten sich die Hexen an geheimen Orten, um gemeinsam auf ihren Besen zur teuflischen Feier auf den Blocksberg zu fliegen. Dabei handelte es sich um einen fiktiven Berg, den es in jeder Region gab. Im Harz waren dies der Hexentanzplatz bei ☞ Thale und vor allem der ☞ Brocken, der auch „Blocksberg" genannt wurde.

Angeblich wurden christliche Symbole und Handlungen bei diesen schwarzen Messen verspottet und grotesk verzerrt. Schädliche Zauberei, sexuelle Ausschweifungen, wilde Tänze, obszöne Rituale wie das Küssen des Hinterns des Teufels, Kannibalismus und Kindermord gehörten angeblich zu diesen nächtlichen Festen. Dann ließen sich die Hexen mit dem Teufel vermählen, worauf dieser sie mit dem sogenannten Hexenmal (meist einem unverfänglichen Leberfleck) „auszeichnete" und ihnen die Fähigkeit zur Zauberei gab.

Im Laufe der Zeit entwickelte sich die Nacht auf den 1. Mai zum wichtigsten Termin für das Hexenfest – die nach der heiligen Walburga benannte Walpurgisnacht. Walburga war eine gelehrte Frau und Äbtissin, deren Leben in keinem Zusammenhang mit Hexen und dem Teufel stand. Erst ihre Heiligsprechung durch Papst Hadrian II. an einem 1. Mai stellte die Verbindung zur heutigen Walpurgisnacht her. Sie gilt als Schutzpatronin gegen böse Geister.

Auf den Granitblöcken der Harzgipfel tanzen die Hexen in den Mai

In Norddeutschland wurde der alles überragende Brocken der wichtigste Hexentreffpunkt, um den Teufel zu verehren und von ihm neue Zauberkräfte zu empfangen.

☺ Die **Brockenhexe** ist das typische Souvenir aus dem Harz. Kein Souvenirladen kommt dort ohne Hexenbilder, Hexenpuppen oder Hexenfiguren in jeder Form und Größe aus.

In den meisten Ländern Europas glaubte nicht nur das einfache Volk an die Existenz von Hexen, sondern später auch die intellektuelle Führungsschicht und die katholische Kirche. Wurde im frühen Mittelalter der Hexen- und Teufelsglaube noch als Aberglaube bekämpft, änderte sich die Haltung der Kirche in späteren Jahrhunderten.

1484 ordnete Papst Innozenz VIII. in einer päpstlichen Bulle die **Hexenverfolgung** als Christenpflicht an. Unter dem Namen „Der Hexenhammer" erschien drei Jahre später eine Anleitung, das „Malleus Maleficarum". In diesem Machwerk wurden detailliert Mittel und Methoden zur Hexenverfolgung erläutert, der ganze Ablauf „wissenschaftlich" begründet und die Todesstrafe durch Verbrennen bei lebendigem Leib vorgegeben.

📖 Der Hexenhammer, dtv, ISBN 978-3-42330-780-2, Preis € 19,90

In Europa, in ganz Deutschland und auch im Harz brannten die Scheiterhaufen. Über 300 Jahre lang wurden vermutlich etwa 80.000 Menschen der Hexerei beschuldigt und verbrannt – davon waren 75 % Frauen, aber auch Männer, Kinder und Greise blieben nicht verschont.

Heutzutage werden nur zur **Walpurgisnacht** in mehr als 30 Harzgemeinden gelegentlich Strohhexen im Walpurgisfeuer verbrannt – das ist allerdings nicht ganz unumstritten! In dieser Nacht wird auch sonst allerlei Schabernack veranstaltet – wie das Aushängen von Gartenpforten oder das Verstecken von Schubkarren auf Bäumen. In der Nacht finden große Hexentreffen auf dem Brocken und auf dem Hexentanzplatz bei Thale statt.

Reise-Infos von A bis Z

Mächtige Granitklippen: Markenzeichen des Harzes

Anreise, Abreise und Fahrt zwischen Osterode und Thale

🚗 Osterode als Startpunkt des Hexenstiegs ist **von Süden** über die A7 (Abfahrt „Northeim") und dann über die B241 bis Osterode (25 km ab Autobahn) gut zu erreichen.

Von Norden und Westen kommend fahren Sie (ggf. über die A2) auf die A7 und nehmen die Abfahrt „Seesen"; dann geht es weiter über die autobahnähnlich ausgebaute B243 bis Osterode (22 km ab Autobahn).

Aus Richtung Berlin kommend verlassen Sie die A2 bereits an der Ausfahrt „Braunschweig-Nord" und fahren über die A39 bis zur Anschlussstelle „Salzgitter" auf die A7. Von dort aus geht es ebenfalls über die Abfahrt „Seesen" nach Osterode.

Aus östlichen Richtungen nehmen Sie am besten die A38 Richtung Nordhausen, verlassen sie über die Abfahrt „Großwechsungen" und fahren dann 47 km auf der B243 nach Osterode.

P Für Autofahrer eignet sich der kostenlose Parkplatz „Bleichestelle" in Osterode, der direkt am Beginn des Hexenstiegs liegt.

☺ Hin und wieder wird der Platz für Veranstaltungen gebraucht. Dann hängt ein Anschlag am Startpunkt des Hexenstiegs. In dem Fall kann man direkt an der Scheerenberger Str. oder in einer der Nebenstraßen kostenlos parken.

☺ Wenn Sie Ihr Kfz in Thale parken und mit dem Zug zum Start nach Osterode fahren, brauchen Sie nach der Tour keine Rücksicht auf den Fahrplan zu nehmen.

🚌 🚆 Werktags verkehren mehrere Züge zwischen dem gut an die Nord-Süd-Strecke (Hannover/Braunschweig – Kassel) angebundenen Ort Seesen und Osterode. Zusätzlich gibt es auch Busverbindungen.

Die Bahnfahrt von Thale nach Osterode über Halberstadt und Salzgitter bzw. die Fahrt per Bahn und Bus über Goslar nach Osterode dauert jeweils ca. vier Stunden. Vom Osteroder Bahnhof zum Startpunkt am Parkplatz „Bleichestelle" sind es gut 2 km. Dort liegt eine Bushaltestelle, die auch „Bleichestelle" heißt.

Infos zu Bahnverbindungen und Möglichkeiten zum Ticketkauf finden Sie unter 💻 www.bahn.de.

Ausrüstung

Der Hexenstieg ist eine Gebirgswanderung. Feste Wanderschuhe, Regenzeug (Regenjacke und Regenhose helfen auch gegen kalten Wind), warme Kleidung und etwas Verpflegung für unterwegs sind angebracht.

Im Hochsommer kann es vor allem bei den schweißtreibenden Aufstiegen trotz schattigen Waldes heiß werden, sodass Sie eine gefüllte Trinkflasche dabeihaben sollten.

Andererseits kann es selbst im Hochsommer auf dem Brocken empfindlich kühl werden, vor allem wenn es stürmt oder der Gipfel sich in Wolken hüllt. Dies gilt natürlich noch stärker im Winter, im Frühjahr und im Herbst. Beachten sollten Sie auch, dass noch bis spät in den April hinein Schnee und Eis auf dem Brockengipfel keine Seltenheit sind.

Ein GPS-Gerät oder ein Smartphone können für die Orientierung hilfreich sein, da Sie sich die von mir aufgezeichneten Tracks von der Verlagswebseite herunterladen können. Der Weg ist aber auch recht gut ausgeschildert und mit diesem Führer zur Hand sollte man sich nicht verlaufen. Trotzdem kann eine separate Karte hilfreich sein, z. B. wenn man mal von der Hauptroute abweichen oder sich einen Überblick über die Umgebung verschaffen will.

Camping

Der Hexenstieg ist auch per Zelt machbar. Da die Plätze nur selten an den Etappenenden liegen, muss die Etappeneinteilung abgewandelt und zusätzliche Abstecher in Kauf genommen werden.

Campingplätze gibt es am Start und am Ziel in Osterode und Thale. An der **Hauptroute** können Sie in Lerbach, bei Clausthal (Prahljust am Hexenstieg oder Polstertal bei Altenau), in Oderbrück, Schierke, Elbingerode und Wendefurth zelten.

Die **Brockenumgehung** bietet Campingplätze in Oderbrück, Braunlage und Elbingerode. Auf der **Südroute** helfen die Plätze in Schierke, Wendefurth sowie zwischen Hasselfelde und Stiege. Die Daten finden Sie bei den Etappen bei den Beschreibungen der nächstgelegenen Orte.

✋ **Biwakieren** wird außerhalb meist geduldet, ist aber im Nationalpark streng verboten!

Einkaufen

Unterwegs kann nur selten direkt am Weg eingekauft werden. Auch viele kleine Orte haben keinen Laden. **Lebensmittelläden und Supermärkte** gibt es in Osterode, Clausthal, Altenau, Schierke und Thale sowie auf den Südrouten in St. Andreasberg, Braunlage und Hasselfelde. Etwas vom Hexenstieg entfernt kann man auch in Wernigerode und Elbingerode einkaufen (☞ Varianten).

☺ Die Campingplätze, Tankstellen und Freibäder haben i. d. R. auch einen Kiosk zum Einkaufen von Kleinigkeiten.

Essen und Trinken

Auf den ersten beiden Etappen und auf der 6. Etappe (die aber recht kurz ist) bietet sich keine **Einkehrmöglichkeit** direkt am Hexenstieg an. Wenn Sie keine Abstecher machen wollen, sollten Sie sich **Verpflegung in den Rucksack** packen. Auf den späteren Etappen liegen Gaststätten nahe am Weg. Wo die Einkaufsmöglichkeiten (☞ Einkaufen) rar sind, können Sie in Ihrer Unterkunft nach einem Lunchpaket fragen.

Harzer Käse wird seit dem 18. Jahrhundert aus entrahmter Sauermilch hergestellt. Dadurch ist er fettarm und proteinreich. Der Käse ist oft mit Kümmel gewürzt und schmeckt bei genügender Reife pikant-würzig. Er wird in Rollen oder Talern verkauft und daher auch „Harzer Roller" genannt.

Eine besondere Zubereitung ist der „Handkäs mit Musik", wobei der Harzer Käse mit Essig, Öl, Pfeffer, Kümmel und Zwiebeln mariniert wird. Meist wird er aber einfach als Käseplatte zu dunklem Brot gereicht.

Aus den Bächen des Harzes kommt vielerorts die **Forelle** direkt auf den Tisch, wie auch andere Speisefische, die in den vielen Teichen zu Hause sind.

Der Harz ist außerdem sehr wildreich und so landet im Harz oft **Wildbret** auf den Tischen der Restaurants. Hirschgulasch, Rehkeule oder Wildschwein, keine Haustierrasse lebt so natürlich und so „bio" wie diese.

Eine kommt aber nah dran: Das **Harzer Rote Höhenvieh** ist eine sehr alte Rinderrasse, deren Wurzeln auf das germanisch-keltische Rote Rind zurückführen. Es wurde für die Milch- und Fleischproduktion sowie als Arbeitstier gezüchtet. Häufig waren es Bergleute, die nebenbei diese Universal-Rinder zur Versorgung ihrer Familie hielten. Nachdem das Tier fast ausgestorben war, wird es heute wieder von einigen Bauern gezüchtet, die damit hervorragendes Biofleisch produzieren.

Die Mutter der **alkoholfreien Biere** stammt aus Clausthal. Wer lieber ein klassisches Harzer Bier trinken möchte, kann z. B. zu Hasseröder greifen, das aus einem Ortsteil Wernigerodes kommt.

Der **Schierker Feuerstein** ist der beliebteste und bekannteste Kräuterlikör der Region. Ein Schierker Apotheker hütet noch heute das alte Familienrezept. Wenn Sie in Schierke übernachtet haben, können Sie direkt am mächtigen namensgebenden Felsen vorbei den Hexenstieg erreichen. Das Harzer Grubenlicht ist ein weiterer beliebter Kräuterlikör im Harz.

Das **Trinkwasser** des Harzes ist sehr gut und weithin beliebt. Über Fernleitungen wird das weiche Harzwasser sogar bis an die Nordsee transportiert und dort dem lokalen Leitungswasser beigemischt. Wen wundert's, dass aus dem Harz viele bekannte Mineralwässer kommen wie Harzer Grauhof oder Bad Harzburger.

Etappen- und Zeiteinteilung

Sie können die Wanderung, wie in diesem Buch beschrieben, an einem Stück in sechs Tagen absolvieren. Einer anderen Einteilung, bei der Sie sich z. B. mehr Zeit für Besichtigungen oder Abstecher nehmen, steht aber nichts im Wege. Daher wird in diesem Führer auch auf Übernachtungsmöglichkeiten hingewiesen, die nicht am Ende der Etappen liegen.

Übernachtungsmöglichkeiten liegen manchmal direkt am Weg, oft aber auch etwas abseits in den Orten (zusätzlichen Zeitbedarf einkalkulieren!).

Da es nicht an jedem Etappenende Campingplätze gibt, müssen Sie die Einteilung etwas ändern bzw. zusätzliche Abstecher einplanen (Camping).

Vor allem in der Hauptsaison sollten Sie die Übernachtungen schon von zu Hause aus reservieren.

Geld

Geldautomaten am Hexenstieg sind selten. Nehmen Sie genügend Bargeld mit. Nicht überall, auch nicht in jeder Pension, kann man mit der Geldkarte bezahlen. Klären Sie das ggf. bei der Reservierung. In Osterode, Clausthal, Altenau, Torfhaus, Schierke und Thale sowie in St. Andreasberg, Braunlage und Hasselfelde gibt es Geldautomaten.

GPS

Die GPS-Tracks zu den beschriebenen Wegen können Sie auf der Internetseite des Verlags (💻 www.conrad-stein-verlag.de) herunterladen.

📖   **GPS** *Grundlagen · Tourenplanung · Navigation* von Michael Hennemann, Conrad Stein Verlag, Basiswissen für draußen, ISBN 978-3-86686-495-5, € 9,90

Harzklub e. V.

Als der Wanderverein Harzklub 1886 zur Förderung des Fremdenverkehrs gegründet wurde, war es das erklärte Ziel, den Harz für Wanderer zu erschließen. Schwerpunkte im Aufgabenbereich des Harzklubs und seiner Zweigvereine sind heute u. a. die Pflege der Wanderwege, Naturschutz und die Förderung des Wanderns. Der Verein gibt auch Wanderkarten und Wandervorschläge heraus.

♦   Harzklub e. V., Bahnhofstraße 5a, 38678 Clausthal-Zellerfeld, ☎ 053 23/817 58, ✉ info@harzklub.de, 💻 www.harzklub.de

Harzer Schmalspurbahnen (HSB)

🚂   Ursprünglich entstanden Ende des 19. Jahrhunderts drei Eisenbahngesellschaften im Harzraum, deren Streckennetze schon bald miteinander verbunden wurden. Heute sind die Gleise insgesamt über 130 km lang und bilden das längste zusammenhängende **Schmalspurbahn-Streckennetz** Deutschlands mit einer Spurweite von 1.000 mm. Die beiden Streckenkomplexe sind die Harzquerbahn mit der Brockenbahn (80 km Länge) und die Selketalbahn (51 km Länge).

Der Fahrzeugpark besteht aus 25 **Dampflokomotiven**, 6 Triebwagen, 16 Diesellokomotiven sowie einer Vielzahl historischer Personenwagen. Die beiden ältesten Dampfloks wurden bereits 1897 gebaut (eine davon ist eine Malletlok, die von einem Schweizer Ingenieur extra für Bergstrecken entwickelt wurde). Der historische Fuhrpark begründete, dass das Gesamtensemble der Harzer Schmalspurbahnen bereits 1972 – noch zu DDR-Zeiten – unter Denkmalschutz gestellt wurde.

1993 übernahm die Harzer Schmalspurbahnen GmbH (HSB) als erste private Eisenbahngesellschaft mit regelmäßigem Reisezugverkehr in den neuen Bundesländern den Streckenbetrieb von der Deutschen Reichsbahn (DR). Damit organisiert sie das größte Netz aller Schmalspurbahnen in Europa mit täglichem, historischem Dampfbetrieb. Gesellschafter der HSB sind die Landkreise Wernigerode, Quedlinburg und Nordhausen, die an der Strecke liegenden Kommunen, die Stadt Quedlinburg, die Gemeinde Tanne sowie die Kurbetriebsgesellschaft Braunlage.

Die Belegschaft besteht aus etwa 230 Mitarbeitern, die für die Beförderung von etwa einer Million Fahrgästen pro Jahr verantwortlich sind. Der höchste Bahnhof befindet sich auf dem Brocken mit 1.125 m über NN und der tiefste ist der Bahnhof Nordhausen Nord in nur 183 m Höhe. Die größte Steigung beträgt 4 % auf der Selketalbahn und 3,3 % auf der Harzquer- und Brockenbahn. Gehalten wird an 44 Bahnhöfen und Haltepunkten.

Insgesamt werden 400 Brücken und Überführungen über- sowie ein Tunnel durchfahren. Zwischen Steinerne Renne und Drei Annen Hohne durchfahren die Züge der Harzquerbahn 72 Bögen – mit dem kleinsten Bogenradius von nur 60 m. Sieben Dampfloks aus den 50er-Jahren bedienen den fahrplanmäßigen Zugbetrieb. Infos unter 🖥 www.hsb-wr.de

Die Dampflokomotiven gehören zum Harz wie Felsen und Seen

Information

Umfangreiche Informationen zu **Orten, Veranstaltungen, Aktivitäten oder Unterkünften** im Harz liefert die Webseite 💻 www.harzinfo.de.

Die umfangreiche Internetseite des **Nationalparks Harz** liefert u. a. viel Wissenswertes über die Natur der Region und die Philosophie und die Arbeit der Nationalparkverwaltung: 💻 www.nationalpark-harz.de.

Das Portal **TrekkingGuide** bietet neben hilfreichen Tipps zum Wandern (Planung, Technik, Ausrüstung …) auch viele Wandervorschläge für den Harz: 💻 www.trekkingguide.de.

Fast jeder Ort im Harz hat seine eigene Website und ist für konkrete Anfragen auch per E-Mail oder Telefon zu erreichen. Die entsprechenden Adressen und Telefonnummern finden Sie jeweils bei den **Ortsbeschreibungen** in diesem Buch.

✋ Die **Öffnungszeiten der Touristeninformationen** im Harz wechseln oft. Sie sollten nötige Informationen daher frühzeitig einholen oder sich telefonisch nach den aktuellen Öffnungszeiten erkundigen.

Die Seite 💻 www.hexenstieg.de gehört jetzt einem Pauschalreiseveranstalter und bietet keine hilfreichen Infos mehr für Individualreisende.

Klima, Wetter, Reisezeit

Der Hexenstieg kann ganzjährig bewandert werden. Jede **Jahreszeit** hat ihren eigenen Reiz.

Im Frühjahr erwacht die Natur und lockt den Wanderer mit vielen Blüten und lichten Buchenmischwäldern. Im Sommer prägen lichtüberflutete Hochflächen und schattige Wälder das Bild. Zum Baden und Sonnen empfehlen sich unzählige Seen und Wiesen. Im Herbst leuchten die vielfältigen Mischwälder in der Sonne mit Farbtönen zwischen Gelb, Orange, Rot und Braun. Traumhafte Schneelandschaften locken kälteresistente Wanderer aber auch im Winter in den Harz. Am Brocken können dann jedoch hohe Windgeschwindigkeiten und Schneestürme auftreten.

Das nördlichste deutsche Mittelgebirge ist wechselndem **Wetter** besonders ausgesetzt. Informieren Sie sich über die zu erwartenden Bedingungen, z. B. unter 💻 www.wetteronline.de/wetter/harz. Dort finden Sie auch ein nützliches Regenradar. Die Webcams unter 💻 www.harz-urlaub.de/ausflugsziele/orte/webcam00.htm liefern ein aktuelles Bild der Lage.

☺ An den **Wochenenden mit anhängenden Feiertagen** sind oft Gruppen im Harz unterwegs. Das kann bei den Rast- und Übernachtungsmöglichkeiten schon mal Engpässe verursachen.

☺ Sehr voll ist es an schönen **Sommerwochenenden auf dem Brocken**, wenn die Tagesausflügler mit der überfüllten Brockenbahn anreisen und das Plateau mit Kind und Kegel bevölkern. Auch auf der Brockenstraße zwischen Schierke und Gipfel ist dann viel los. Vielleicht legen Sie Ihre Planung so, dass der Brocken nicht gerade samstags oder sonntags auf dem Programm steht.

Literatur: Bücher und Karten

Es gibt eine große Menge Bücher und Karten über den Harz. Ihr Buchhändler berät Sie sicher gern. Hier nur eine kleine Auswahl, die den Hexenstieg direkt betrifft:

▷ Harzer Hexen-Stieg: offizielle Karte zum Prädikatswanderweg, 1:30.000, 20 m Höhenlinienabstand, UTM-Gitter für Orientierung per GPS, Kilometrierung des Hexenstiegs, weitere Wanderwege im Harz, wasser- und reißfest, ISBN 978-3-94597-413-1, Preis € 7,90
▷ Harzer-Hexen-Stieg, Wanderkarte 1:25.000, Publicpress Publikationsgesellschaft, ISBN 978-3-89920-165-9, Preis € 11,99, reiß- und wetterfest, die Leporellofalzung ist etwas gewöhnungsbedürftig, erweist sich dann aber als sehr nützlich.
▷ Outdoor Regional: Oberharz, dieser Wanderführer von Andreas Happe ist ebenfalls im Conrad Stein Verlag erschienen. Viele der beschriebenen Tageswanderungen nutzen Teile des Hexenstiegs, ISBN 978-3-86686-508-2, Preis € 12,90.
▷ Im Schatten der Hexen: mystische Krimireihe der Autorin Kathrin R. Hotowetz. Der erste Band heißt „Hexenring", ISBN 978-3-94345-500-7, Preis € 12,95.

Markierung

✎ Der Hexenstieg ist sehr gut markiert. Es gibt häufig grün-weiße Schilder mit dem Logo des Weges, einer symbolischen Hexe, reitend auf einem Besen. Manchmal ist diese auch ganz in weiß auf Bäume gemalt. Auf den letzten Etappen finden sich hin und wieder weiße Hexen im grünen Kreis, ebenfalls direkt auf die Bäume gemalt.

Die Brockenumgehung über Braunlage zeigt zusätzlich ein kleines „B" auf dem Schild, die Südvariante über Hasselfelde ein „S".

Medizinische Versorgung

In den Ortsbeschreibungen ist das Vorhandensein von Ärzten gekennzeichnet. In Notfällen gilt die **Notrufnummer 112**, über die Sie die Rettungsleitstellen erreichen.

Die Rettung aus unwegsamem Gelände übernimmt die **Bergwacht** Harz, 🖥 www.bergwacht-harz.de. Sie wird über die allgemeine Notrufnummer 112 verständigt.

Nationalpark Harz

Der Nationalpark Harz ist einer von 16 deutschen Nationalparks. Er entstand 2006 aus der Zusammenlegung des „NP Hochharz" (gegründet 1990 mit der Freigabe des Brockens in Sachsen-Anhalt) und dem „NP Harz" (1994 in Niedersachsen gegründet).

In den Jahren der deutschen Teilung war das Brockengebiet für jeglichen Besucherverkehr gesperrt, da es nahe der innerdeutschen Grenze in der DDR lag. Der Brockengipfel selbst wurde vorwiegend für militärische Zwecke (Abhörstation) genutzt. Nach dem Fall der Mauer offenbarte sich den Besuchern eine einzigartige, ursprüngliche Naturlandschaft. Schon sehr bald entstand die Idee, diesen Naturraum unter speziellen Schutz zu stellen, und noch vor der deutschen Wiedervereinigung wurde mit der Vorbereitung zur Schaffung eines Nationalparks begonnen.

Anfang der 90-Jahre wurde diese Idee dann (trotz vieler Widerstände) in die Tat umgesetzt und 2006 der **Nationalpark Harz** geschaffen.

Der besondere Schutz ist auch notwendig, denn der Pflanzenwuchs ist durch das alpine Klima stark verlangsamt; der Brockengipfel selbst liegt oberhalb der Baumgrenze. Dafür kann man im Brockengarten eine einzigartige alpine und subalpine Pflanzenwelt bewundern, welche es sonst in deutschen Mittelgebirgen nirgendwo zu sehen gibt.

Der Park ist fast 25.000 Hektar (250 km²) groß und bedeckt etwa 10 % der gesamten Fläche des Harzes. Knapp 2/3 seiner Fläche liegt in Niedersachsen und gut 1/3 der Fläche in Sachsen-Anhalt. Der Nationalpark bietet **Flora** (wie Buchen, Fichten, Birken, Eichen, Ahorne, Eschen, Ulmen) und **Fauna** (z. B. Luchse, Wildkatzen, Rehe, Rothirsche) einen geschützten Lebensraum.

Unter dem Motto **„Natur Natur sein lassen"** schützt der Nationalpark die Tier- und Pflanzenwelt – ohne den Menschen auszusperren. Wo der Mensch in der Vergangenheit die Natur gestört oder sogar zerstört hat, wird mit Renaturierungsmaßnahmen versucht, den ursprünglichen Zustand wiederherzustellen.

Besonders der einstige Bergbau veränderte die Natur empfindlich, denn die Gruben und Hütten verbrauchten wertvolles Holz. Geschlagene Laubwälder wurden durch schneller wachsende Nadelwälder ersetzt und die Torfstecherei vernichtete einen Teil der Hochmoore. Dieser Prozess kehrt sich mit Hilfe der Nationalparkverwaltung wieder um. Harztypische, traditionelle und an die Bedingungen im Harz angepasste Pflanzengesellschaften breiten sich wieder aus. Weitere Hilfe leisteten die Stürme der letzten Jahre, die besonders den naturfernen Fichtenmonokulturen den Garaus machten.

- Nationalpark Harz, Lindenallee 35, 38855 Wernigerode, ☎ 039 43/550 20, info@nationalpark-harz.de, www.nationalpark-harz.de

- Beachten Sie bitte ein paar einfache Regeln beim Besuch des Parks:
  ▷ Verlassen Sie die Wege nicht. Verhalten Sie sich ruhig (Störung des Wildes).
  ▷ Rauchen und offenes Feuer sind nicht erlaubt (Waldbrandgefahr).
  ▷ Benutzen Sie die Müllbehälter oder – noch besser – nehmen Sie Ihren Abfall mit ins Tal.
  ▷ Pflücken, entnehmen und zerstören Sie nichts.
  ▷ Leinen Sie Ihren Hund an.
  ▷ Wildes Camping oder biwakieren sind nicht erlaubt.

Post

An der Hauptroute finden Sie nur in Osterode, Clausthal, Altenau und am Ende in Thale eine Poststelle. Auf der Brockenumgehung und auf der Südroute werden Sie noch in St. Andreasberg, Braunlage und Hasselfelde fündig.

Postkarten können Sie an verschiedenen Stellen auf dem Hexenstieg erwerben, teilweise auch in Hotels oder Tourist-Infos.

☺ Nehmen Sie Briefmarken und ggf. Umschläge mit und bitten Sie Ihre Übernachtungsbetriebe, Ihre Briefe oder Postkarten mit der hauseigenen Post zu versenden. Falls Sie einen Postboten treffen, können Sie ihm oder ihr die Post auch direkt mitgeben.

Radfahren – Mountainbike

Ist der Hexenstieg auch für Radwanderer geeignet? Die Antwort ist „Jein, aber ...". Von einer Befahrung mit dem Trekkingrad würde ich abraten, aber mit dem Mountainbike geht so einiges. Auf über 50 % des Weges lässt es sich mit dem Mountainbike angenehm radeln. Etwa 30 % der Strecke sind anspruchsvoller, eng und/oder steil – und der Rest ist Plackerei. Die Bodeschlucht ist für Radler gesperrt (Umfahren möglich). Wer aber nichts dagegen hat, sein Rad immer mal wieder zu schieben oder kurz zu tragen und den gesperrten Bereich der Bodeschlucht zu umfahren, der kann den Hexenstieg auch per Mountainbike entdecken.

Da auf dem Hexenstieg meist wenig Gedränge herrscht, kommen sich Radfahrer und Wanderer bei etwas Rücksicht kaum in die Quere.

✋ Die Strecke zwischen dem Ursprung des Dammgrabens und Torfhaus (Magdeburger Weg) ist sehr eng und anspruchsvoll und daher nicht zu empfehlen. Den Bereich können Sie auf der Landstraße Altenau – Torfhaus umfahren.

Auch mit dem Mountainbike kann der Hexenstieg erlebt werden

✋ Auf den letzten 15 km von Treseburg nach Thale ist das Radfahren ausdrücklich verboten und wird durch ein Drehkreuz zusätzlich verhindert. Auch dieser Teil lässt sich auf der Landstraße (Treseburg – Thale) oder – schöner, steiler und anstrengender – auf Waldwegen (über den Hexentanzplatz) umfahren.

✋ Der Hexenstieg ist als Wanderweg konzipiert worden und Wanderer haben auf den Wegen Vorrang! Ein forsches und schnelles Fahren beim Passieren von Wanderern sollte unbedingt vermieden werden! Durch Klingeln oder Rufen schon aus größerer Entfernung sollte ein Nahen von hinten angezeigt werden.

Tages-, Wochenend- und Rundtouren

Durch die beschriebene Brockenumgehung und die Südumgehung eröffnen sich attraktive Möglichkeiten für mehrtägige **Rundwanderungen**. So kommt bei der Kombination Brockenumgehung und Hauptroute eine Strecke von knapp 60 km zusammen. Südroute mit Hauptroute verbunden ergibt eine Runde von 45,5 km. Beide Rundwanderungen können durch die Menge an gut beschilderten Wegen auch leicht verkürzt werden.

Durch die guten Busverbindungen zwischen Torfhaus, Braunlage, Schierke und Drei Annen Hohne können Sie besonders im zentralen Bereich des Hexenstiegs viele Teile auch als **Tagestouren** wandern (☞ ÖPNV).

📖 Oberharz, 26 Wanderungen, von Andreas Happe, Conrad Stein Verlag, Regional, ISBN 978-3-86686-508-2, Preis € 12,90

Telefon und Internet

Fast auf dem gesamten Verlauf des Hexenstiegs kann mit dem Handy kommuniziert werden. Lediglich in engen Tälern ist die Sende- und Empfangsleistung eingeschränkt bzw. das Telefonieren unmöglich.

WLAN ist mittlerweile weitverbreitet, aber besonders in einfachen Übernachtungsbetrieben kann man sich darauf nicht verlassen.

Unterkunft

Es gibt eine Vielzahl an Hotels, Pensionen und Privatzimmern sowie ein paar Jugendherbergen, Wanderheime und Naturfreundehäuser am Weg. Eine Auswahl führe ich bei der Routenbeschreibung auf. Campingplätze liegen oft etwas abseits vom Weg (☞ Reise-Infos von A bis Z, **Camping**).

Weitergehende **Informationen zu Unterkünften** finden Sie auf den Websites der jeweiligen Touristeninformationen oder bei den gängigen Buchungsportalen im Internet (einen Überblick zum Reservieren im Internet gibt die Seite 🖳 uebernachten.trekkingguide.de).

☺ In vielen Orten wird auf den Übernachtungspreis eine geringe Kurtaxe aufgeschlagen. Dafür bekommen Sie oft Ermäßigungen bei Eintritten, im ÖPNV und bei anderen Angeboten. Lassen Sie sich von Ihrem Vermieter daher die **Kurkarte/Gästekarte** geben, bevor Sie in der Umgebung auf Besichtigungstour gehen!

☺ Empfehlungen für weitere besonders interessante Übernachtungsmöglichkeiten und/oder Korrekturen der angegebenen Daten können Sie gern an den Verlag schicken (✉ info@conrad-stein-verlag.de). Auf der Verlags-Website 🖳 www.conrad-stein-verlag.de werden hilfreiche Hinweise unter **Updates** veröffentlicht und sie werden in die nächste Buchauflage aufgenommen.

Updates

Der Conrad Stein Verlag veröffentlicht Updates zu diesem Buch, die direkt vom Autor oder von den Lesern dieses Buches stammen. Sie finden diese auf der Verlagshomepage 🖳 www.conrad-stein-verlag.de. Der abgebildete QR-Code führt Sie direkt dorthin.

Verkehrsmittel am Weg – ÖPNV

🚆 Die Start- bzw. Endpunkte Osterode und Thale haben DB-Bahnverbindungen, ansonsten können Sie vom ☞ Brocken und von den Orten ☞ Schierke, ☞ Drei Annen Hohne und ☞ Elend mit Zügen der ☜ Harzer Schmalspurbahnen zu den DB-Bahnhöfen Nordhausen, Gernrode und Wernigerode fahren.

🚌 In Niedersachsen fahren Busse des Verkehrsverbandes VSN/EFA zwischen den kleinen und großen Orten des Harzes (🖳 www.vsninfo.de, www.efa.de). Auf der östlichen Harzseite in Sachsen-Anhalt stellen Busse der INSA/NASA den ÖPNV sicher (🖥 www.nasa.de, www.insa.de).

☺ Besonders die Strecken Bad Harzburg – Torfhaus – Braunlage sowie Braunlage – Schierke – Drei Annen Hohne – Wernigerode sind mit häufigen Verbindungen ausgestattet. Auch über die Seiten der Bahn (🖥 www.bahn.de) lassen sich diese aufrufen.

Wandern mit Hund

Sie können Ihren vierbeinigen Freund mit auf den Hexenstieg nehmen, er muss aber im Nationalpark permanent angeleint sein. Bei den Übernachtungsbetrieben sollten Sie immer vorher in Erfahrung bringen, ob dort Hunde geduldet werden. Das ist oft möglich, aber nicht selbstverständlich. Das Gleiche betrifft die Gaststätten am Wegesrand.

Wandern von West nach Ost?

Den Hexenstieg kann man in beide Richtungen laufen – der Brocken liegt immer in der Mitte. Die meisten Wanderer bewältigen die Strecke von West nach Ost. So liegen die Highlights Hexentanzplatz und Bodetal am Ende der Wanderung. Dieser Richtung folgt auch der vorliegende Führer.

Wandern ohne Gepäck

Wenn Ihnen Ihr Gepäck lästig ist, können Sie auch eine Wanderung „ohne" machen, d. h., das Gepäck wird zur jeweiligen Tagesunterkunft gebracht. Es gibt verschiedene Anbieter, die das für Sie organisieren:

- Harzer Verkehrsverband, Marktstr. 45, 38640 Goslar, ☏ 053 21/340 40, FAX 053 21/34 04 66, ✉ info@harzinfo.de, 🖥 www.harzinfo.de
- Bodetal Tourismus GmbH, Walpurgisstraße 37, 06502 Thale, ☏ 039 47/776 80-0, FAX 039 47/776 80-19, ✉ info@bodetal.de, 🖥 www.bodetal.de
- Wandern im Harz, Sieben Linden 25, 38640 Goslar, ☏ 053 21/689 66 00, FAX 053 21/689 66 01, ✉ info@wandern-im-harz.de, 🖥 www.wandern-im-harz.de

Der Hexenstieg

Die Hexe begleitet den Wanderer von Osterode bis Thale

Routen- und Etappenübersicht

Der offizielle Hexenstieg verläuft meist an den Orten im Harz vorbei. Zum Einkehren, aber besonders zum Übernachten muss man den Hexenstieg häufiger verlassen. Daher sind die Abstecher zu den Orten in der Beschreibung mit angegeben.

Die Kilometerwerte bei der Etappeneinteilung beziehen sich auf einen jeweils definierten Punkt auf dem Hexenstieg, in der Nähe des entsprechenden Übernachtungsortes. Um vom Endpunkt zum Übernachtungsort und von diesem zum Startpunkt zurückzukommen, müssen Sie hier und da etwas Zeit und Strecke zusätzlich einplanen. Das betrifft vor allem Clausthal (Zentrum 3 km, das erste Hotel 700 m vom Hexenstieg entfernt) und Schierke (Zentrum 2 km vom Hexenstieg).

Die Strecken- und Höhenwerte wurden anhand des aufgezeichneten GPS-Tracks ermittelt. Da auch der nicht immer auf den Zentimeter genau die Wirklichkeit darstellt, wurden die Daten leicht auf- oder abgerundet.

Abstecher, Varianten oder Abstiege zu Übernachtungsorten sind in den Entfernungsangaben zu den Etappen nicht eingerechnet. Diese können sich – je nach persönlicher Planung – über den ganzen Hexenstieg auf zusätzliche 6-20 km addieren.

A: Hauptroute

1. Etappe: Osterode („Bleichestelle") – Buntenbocker Teiche – Clausthal (Entensumpf) 14 km
2. Etappe: Clausthal (Entensumpf) – Altenau – Torfhaus (Nationalparkzentrum) 20 km
3. Etappe: Torfhaus (Nationalparkzentrum) – Brocken – Schierke (Ahrensklint/Pfarrstieg) 16 km
4. Etappe: Schierke (Ahrensklint/Pfarrstieg) – Drei Annen Hohne – Rübeland (Philosophenweg) 20 km
5. Etappe: Rübeland (Philosophenweg) – Wendefurth – Treseburg (Dorfkirche) 18,5 km
6. Etappe: Treseburg (Dorfkirche) – Bodetal – Thale (Bahnhof) 9 km

Gesamtstrecke der Hauptroute: ca. 100 km

B: Südumgehung des Brockens
(ersetzt die 3. Etappe und Teile der 4. Etappe)
Variante 3.1: Torfhaus – St. Andreasberg – Braunlage 22 km
Variante 3.2: Braunlage – Steinbachtal (– Rübeland) 12,6 km
   (insgesamt 24,9 km)

C: Südroute über Hasselfelde
(ersetzt Teile der 4. und 5. Etappe)
Variante 4.1: (Schierke –) Königshütte – Hasselfelde 13 km (insgesamt 23,7 km)
Variante 4.2: Hasselfelde – Altenbrak (– Treseburg) 10,3 km
   (insgesamt 15,9 km)

1. Etappe: Osterode – Clausthal

➲ *13,6 km,* ⧖ *4 Std. 30 Min.,* ↑ *580 m,* ↓ *190 m,* ⇧ *230-625 m*

0,0 km	⇧ 230 m	Osterode (**P** Großparkplatz „Bleichestelle")
6,4 km	⇧ 480 m	Marienblick mit Skilift Lerbach
11,0 km	⇧ 570 m	Bärenbrucher Teich, Abzweig ↳ Buntenbock
11,6 km	⇧ 580 m	Abzweig nach ↳ Clausthal
13,6 km	⇧ 615 m	Entensumpf

Von Osterode erklimmen Sie die Hochfläche von Buntenbock in einer langen Steigung. Sehr arten- und abwechslungsreicher Mischwald prägt den ersten Teil der Etappe. Danach schieben sich wieder mehr Wiesen und die Seen und Wasserläufe des Harzer Wasserregals ins Bild. Sie wandern bis in die Nähe von Clausthal hauptsächlich auf Schotterwegen. Sonnige und schattige Passagen wechseln sich ab.

Einkehrmöglichkeiten finden Sie erst kurz vor Clausthal mit der Pixhaier Mühle (km 11,6, plus 700 m) ... es sei denn, Sie steigen beim Skilift Lerbach (km 6,4) 60 hm/1 km zum Waldschwimmbad mit Campingplatz und Gaststätte ab. Zum Übernachten bietet sich die Pixhaier Mühle oder ein Zimmer in Clausthal an – kurz vor dem eigentlichen Etappenende.

Osterode am Harz ⇑ 230 m, 28.000 Ew., 37520

- **i** Touristinformation im Kornmagazin, Eisensteinstraße 1, ☎ 055 22/31 83 33, ✉ touristinfo@osterode.de, 🖥 www.osterode.de, 🕘 Mo-Fr 9:00-17:00, Sa 9:00-13:00

- ☺ Das jährlich herausgegebene Gastgeberverzeichnis enthält die Unterkünfte mit Ausstattung und Preisen. Es ist auch von den Webseiten der Tourist-Info herunterladbar.

- Hotel Zum Röddenberg, Steiler Ackerweg 6, ☎ 055 22/905 40, ✉ info@hotel-zum-roeddenberg.de, 🖥 www.hotel-zum-roeddenberg.de, EZ ab € 73, DZ ab € 99, das Röddenberg ist ein solides Hotel mit gutem Frühstück und Abendessen. Es liegt etwas außerhalb des Zentrums, nicht weit vom Bahnhof. Die Betreiber sind auf Wanderer eingestellt.

- ♦ Hotel-Pension Börgener, Hoelemannpromenade 10 A, ☎ 055 22/909 90, ✉ hotel-boergener@t-online.de, 🖥 www.hotel-boergener.de, EZ ab € 55, DZ ab € 77, der Einstieg zum Hexenstieg liegt in der Nähe.

- Pension Tiroler Stuben, Scheerenberger Str. 45, ☎ 055 22/20 22, ✉ pensiontirol@me.com, 🖥 www.tirolerstuben.de, EZ ab € 29, DZ ab € 52, die Pension liegt nicht weit vom Einstieg zum Hexenstieg entfernt, allerdings weit vom Bahnhof.

- ♦ Pension Coesfeld, Hengstrücken 111, ☎ 055 22/712 22, ✉ gisela.coesfeld@t-online.de, 🖥 www.pensioncoesfeld.de, EZ ab € 35, DZ ab € 70, die Pension liegt zwischen Osterode Zentrum und Lerbach, etwas abseits vom Hexenstieg. Man kann aber über Lerbach in den Hexenstieg einfädeln.

- Jugendgästehaus Osterode, Scheerenberger Str. 34, ☎ 055 22/55 95, ✉ jgh.harz@osterode.de, 🖥 www.jugendgaestehaus-osterode.de (kein Jugendherbergsausweis erforderlich), das Preissystem ist recht komplex, es geht los bei etwa € 20/Person. Der Hexenstieg-Startpunkt liegt nur wenige Meter entfernt.

- Waldcamping Eulenburg, Scheerenberger Str. 100, ☎ 055 22/66 11, ✉ ferien@eulenburg-camping.de, 🖥 www.eulenburg-camping.de, ☺ Auf dem Campingplatz gibt es auch Mietwohnwagen, Matratzenlager und ein Heuhotel. Die Preise beginnen bei ca. € 9/Person. Der Platz liegt knapp 2 km vom Startpunkt des Hexenstiegs an der Bleichestelle entfernt.

- ☺ Weitere Übernachtungsmöglichkeiten bekommen Sie bei der ☎ Touristinformation oder den gängigen 🖥 Buchungsportalen. Einen Überblick zu den Übernachtungsportalen im Internet liefert die Seite 🖥 uebernachten.trekkingguide.de.

Osterode wurde um 1100 n. Chr. erstmals in Chroniken erwähnt. Aufgrund seiner günstigen geografischen Lage am Schnittpunkt wichtiger Handelswege erlebte der Ort im 12. und 13. Jahrhundert einen wirtschaftlichen **Aufschwung**: Markt und Gericht gewannen an Bedeutung, die Osteroder prägten eigene Münzen und schlossen sich dem 1241 von Hamburg und Lübeck gegründeten Wirtschaftsbund der Hanse an. Sie schützten sich ab 1233 mit einer 1.700 m langen Stadtmauer, von der noch Reste erhalten sind.

Die Stadt hatte einen erheblichen Anteil an der Ausbeutung der Bodenschätze und am Holzreichtum des Harzes, nutzte die reichlich vorhandene Wasserkraft und betrieb Handel mit Eisen und Kupfer sowie Gips aus den Lagerstätten am Stadtrand. Auch die Versorgung der Bergbaugebiete im Gebirge wurde z. T. über Osterode abgewickelt.

Tilman Riemenschneider wuchs im 15. Jahrhundert in Osterode auf. Nach seinen Wander- und Lehrjahren wurde er zum berühmtesten Bildhauer Deutschlands.

Beim großen Stadtbrand von 1545 blieben in Osterode nur 40 Häuser vom Feuer verschont, auch Rathaus und Marktkirche wurden zerstört. Man hielt sich beim Wiederaufbau eng an den alten Stadtgrundriss und das überlieferte Fassadenbild. 1618 begann der **Dreißigjährige Krieg** und von 1625 bis 1627 wütete die Pest – sie raffte 1.200 Menschen dahin. Auch die durchziehenden Heere forderten ihren Tribut.

Im 18. Jahrhundert hatten die Osteroder die französische Besatzung im Siebenjährigen Krieg ausgehalten und sich dann fleißig wieder ihren Geschäften zugewandt. Die Stadt mauserte sich zu einem der bedeutendsten Wirtschaftsstandorte im **Königreich Hannover**: Schuhmacher, Gerber, Tuchmacher und Spinnereien belieferten die hannoversche Armee und versorgten die Bergleute, Hütten- und Hammerwerke verarbeiteten die Metalle des Harzes, Küfer bedienten mit Fässern und Kübeln u. a. die Osteroder Brauerei. Brotgetreide wurde von Eseltreibern in die Oberharzer Bergstädte transportiert.

Mitte des 19. Jahrhunderts wurde Osterode zur größten Industrie- und Gewerbestadt des Königreichs Hannover. 1871 wurde eine Bahnlinie eröffnet und 1885 wurde Osterode **preußische Kreisstadt**. Immer mehr Besucher kamen ins „Tor zum Harz" und der Fremdenverkehr nahm zu.

Nach 1945 wurden Tausende von Flüchtlingen und Vertriebenen aufgenommen, so standen in den nachfolgenden **„Wirtschaftswunderjahren"** genügend Arbeitskräfte zur Verfügung. Die Randlage zur DDR erwies sich jedoch als Hemmnis. Bis heute blieben die typischen strukturellen Probleme einer Mittelstadt in Randlage und Osterode konnte seine frühere wirtschaftliche Stärke nicht wiederaufbauen.

⌘   Der **Kornmarkt** mit seinen gediegenen Fachwerkhäusern war schon immer der Mittelpunkt der Stadt. Heute bildet er das Zentrum der Fußgängerzone. Dienstags- und samstagsvormittags wird hier ein Wochenmarkt abgehalten.

⌘   1552 wurde das **Alte Rathaus erbaut**, nachdem beim großen Stadtbrand das ursprüngliche Rathaus den Flammen zum Opfer gefallen war. Heute befindet sich das Rathaus im Kornmagazin (s. u.).

⌘   Am Rollberg, Ecke Untere Neustadt, befindet sich das **Ritterhaus**, das seinen Namen einer Holzfigur an der Hausecke verdankt. Heute ist hier ein Museum untergebracht, das im Wesentlichen zur Geologie des Harzes ausstellt, aber auch Funde von Knochen und Schädeln von Säugetieren aus der Eiszeit zeigt. In der Nähe sind auch Teile der restaurierten Stadtmauer zu sehen, die aus Flussgeröll der Söse erbaut wurde.

♦   Ritterhaus, Rollberg 32, ☎ 055 22 /91 97 93, 🖥 www.museum.osterode.de, 🕘 tägl. außer Mo 14:00-17:00, Di-Fr auch 10:00-13:00

⌘   1719 bis 1722 ließen die Landesherren „zum Nutzen des Harzes" (*utilitati hercyniae*, so die Inschrift) am Ufer der Söse ein 70 m langes, imposantes siebenstöckiges Gebäude erbauen, das 2.000 t Getreide auf mehreren Stockwerken fassen konnte: Das **Kornmagazin** beherbergt heute das Rathaus.

♱   Der gewaltige Turm der **St. Aegidienkirche** beherrscht das Stadtbild. Im Kircheninneren sind die Kassettendecke, der holzgeschnitzte Taufständer, der barocke Kanzelaltar sowie einige Grabplatten sehenswert.

♱   Die trutzige **St.-Jacobi-Schlosskirche** gehörte einst zu einem Zisterzienser-Nonnenkloster. Erwähnenswert sind hier der Altar, das romanische Taufbecken, die Orgel und ein Grabmal.

♖   Die **Alte Burg** liegt auf einer Anhöhe oberhalb eines Friedhofs und wurde im 12. Jahrhundert urkundlich erwähnt. Der etwa 60 x 40 m große Burgbereich genoss durch die talseitigen Abhänge einen natürlichen Schutz. Zum Berg hin befand sich ein Burggraben. Der 34 m hohe Turm hatte einen Durchmesser von

14 m. Ab 1512 wurde die Burg nicht mehr bewohnt, vermutlich waren Baumängel der Grund. Im Laufe der Jahrhunderte fanden die Steine in anderen Bauten Verwendung. Heute ist die Burg nur noch eine Ruine.

Der **Startpunkt** des Hexenstiegs liegt in Osterode an der Scheerenberger Straße, Ecke Hundscher Weg. Hier steht am großen Parkplatz „Bleichestelle" ein Pavillon, der den Start markiert.

☺ Am Pavillon finden sich auch immer wieder aktuelle Anschläge, z. B. wann der Parkplatz für Veranstaltungen gebraucht wird und ein Dauerparken nicht möglich ist.

Vom Pavillon aus überqueren Sie zunächst die Scheerenberger Straße und biegen gegenüber halb rechts in den steil aufwärts führenden **Hundscher Weg** ein. Dieser überquert auf einer Brücke die B241, die in einen Straßentunnel hineinführt.
Bald verlassen Sie das Wohngebiet, die Asphaltstraße geht in eine Schotterstraße über. Sie wandern durch Mähwiesen, bis die Vegetation üppiger wird und Sie in den Wald eintreten.

Von einem Punkt etwa 80 m oberhalb der Stadt haben Sie einen weiten Blick zurück auf Osterode, die weiße Felswand des Gipskarstgebirges und bei guter Sicht auf das südlich gelegene Leinebergland. Südöstlich ist der lange Höhenrücken des Rotenberges zu erkennen.

Heinrich Heine schreibt in seiner **„Harzreise"** 1824 über diese Stelle: „.... von einer der ersten Höhen schaute ich nochmals hinab in das Tal, wo Osterode mit seinen roten Dächern aus den grünen Tannenwäldern hervorguckt wie eine Moosrose."
Der Hundscher Weg wurde einst von **Eselskarawanen** benutzt, die die Bergleute in Clausthal mit Brotgetreide aus dem Kornmagazin in Osterode versorgten. In der Gegenrichtung wurde das Erz zu den Verhüttungsplätzen außerhalb des Harzes transportiert. Die Route ist eine der ältesten Harzstraßen und verband als Königsstraße Osterode über Altenau mit Harzburg.

Der Forstweg steigt stetig an. Sie wandern immer noch auf dem Hundscher Weg. Der besonders artenreiche Mischwald mit Buchen, Eichen, Ahornen, Eschen, Birken und Fichten gibt zu jeder Jahreszeit ein schönes Bild. Ab und an weisen hier wie auf dem gesamten Hexenstieg Infotafeln auf besondere Ereignisse hin oder erklären interessante Sachverhalte der Natur- und Kulturlandschaft. Bis zum 🔍 Eselsplatz halten Sie sich immer geradeaus. Unterwegs finden Sie mehrere ⛺ Rastplätze, z. B. den Rastplatz Hundscher Weg. Eine Bank am Wegesrand ist aber schon von einer Hexe besetzt.

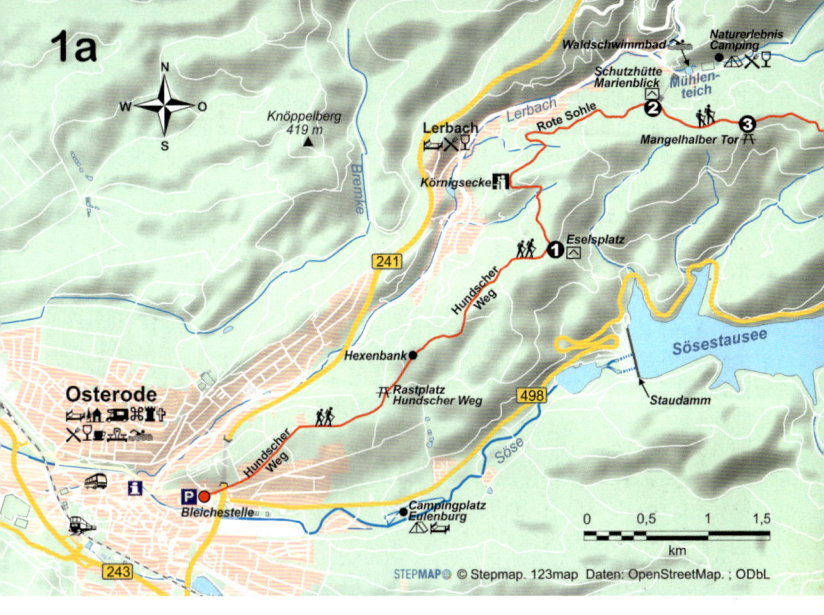

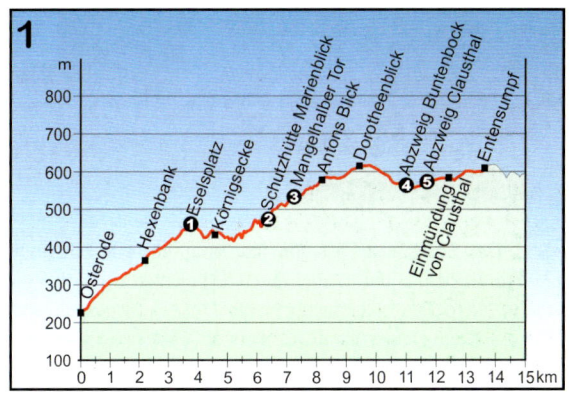

Der **Eselsplatz** ❶ ist nach 3,7 km erreicht, eine Kreuzung mit fünf Verzweigungen. Hier befinden sich ein ⊼ Tisch und Bänke sowie eine ⌂ Schutzhütte. Im Inneren ist eine Feuerstelle mit Bänken ringsum eingerichtet. Diese Köte ist auch für Tagesausflügler ein beliebtes Ziel und brannte 2011 komplett ab. Daher hat man den inneren Raum mit der Feuerstelle nach der Restaurierung verschlossen.

Die traditionellen Köten – wie hier am Eselsplatz – dienen heute als Schutzhütten für Wanderer

Der **Sösestausee** ist von hier zwar nur gut 700 m Luftlinie (✋ und 130 hm Abstieg) entfernt, aber durch den dichten Wald ist er nicht zu sehen. Der 500 m lange Talsperrendamm wurde 1931 fertiggestellt und war damals der größte Stausee Deutschlands. Er dient als Trinkwasserreservoir, zur Stromerzeugung und schützt vor Hochwasserfluten. Hinter der Köte führt der Waldpfad Baudensteig hinab zum See.

Der Hexenstieg biegt am Eselsplatz links ab (der Hundscher Weg führt weiter geradeaus). An den nächsten beiden Gabelungen folgen Sie der Beschilderung „Hexenstieg" jeweils rechts.

1. Etappe: Osterode – Clausthal

↳ Die links abbiegenden Wege führen bergab ins etwa 100 m tiefer gelegene **Lerbach**. Dort könnte man auch übernachten. Es gibt sogar einen Campingplatz (☞ km 6,4).

⇄ ✕ ♀ Hotel Sauerbrey, Friedrich-Ebert-Str. 129, 37520 Osterode-Lerbach,
☏ 055 22/509 30, FAX 055 22/50 93 50, ✉ info@hotel-sauerbrey.de,
🖥 www.hotel-sauerbrey.de, DZ ab € 50 p. P., EZ ab € 75, Sie können hier auch einkehren, aber der Abstieg nach Lerbach und Wiederaufstieg zum Hexenstieg ist weiter als vom Marienblick zum Waldstübchen (☞ km 6,4).

🛈 An der **Körnigsecke** haben Sie nach links einen tollen Blick, u. a. auf die Gipskarstberge bei Osterode mit ihren Steinbrüchen.

Der Hexenstieg führt weiter am Hang entlang. Unten liegen noch die Ausläufer von Lerbach. Dieses Wegstück wird „Rote Sohle" genannt.

Der Weg erscheint rot, weil es hier Roteisenstein gibt, der bis etwa Ende des 19. Jahrhunderts in Lerbach abgebaut und verhüttet wurde. Roteisenstein bildet in zerkleinertem und nassem Zustand einen rötlichen Schlamm.

Marien-Blick auf den Mühlenteich von Lerbach

An einer Gabelung – die Stelle heißt **Marienblick** ❷ (km 6,4) – sehen Sie links den Schlepplift für Skifahrer sowie eine ⌂ Schutzhütte mit Bänken an der Mühlwiese. Unten im Tal erblicken Sie einen Teich mit einem größeren Komplex: das 🏊 Waldschwimmbad, der Sportplatz und der △ Campingplatz mit einer ✕ ♀ Gaststätte.

↳ Der Abstecher hinunter zum 🏊 Schwimmbad bedeutet einen Umweg von insgesamt 2 km mit 60 hm Abstieg und 60 hm Wiederaufstieg.

⚠ 🏊 Mühlenteich, Waldschwimmbad und Campingplatz Lerbach, An der Mühlwiese 6, 37520 Osterode am Harz, OT Lerbach, ☏ 055 22/741 58,
✉ info@camping-lerbach.de, 🖥 www.camping-lerbach.de, 👋 Öffnungszeiten und Preise standen für Campingplatz und Gaststätte aufgrund Besitzerwechsels zum Zeitpunkt der Recherche noch nicht fest.

✗ 🍺 Gaststätte Waldstübchen, An der Mühlwiese 6, ☏ 055 22/315 56 11,
🖥 www.wald-stuebchen.de, hier gibt es von kleinen Snacks bis zu deftigen Gerichten einiges an Auswahl.

Geradeaus führt der Weg hinab zum Mühlenteich (🏷 „Schwimmbad 0,95 km", 👉 Abstecher), aber der Hexenstieg zweigt jetzt rechts aufwärts ab (🏷 „Buntenbock 4,8 km"). In der Abzweigung hängt ein grüner Kasten mit dem Hexenstiegbuch. Hier haben sich schon viele Ihrer Vorwanderer verewigt. Um Eintrag wird gebeten.

Der Weg steigt leicht an und führt Sie, eine Abzweigung nach links ignorierend, zum Rastplatz Mangelhalber Tor ❸ (km 7,2). Hier steht eine überdachte ⊓ Tisch-Bank-Gruppe.

Das Mangelhalber Tor – heute symbolisiert durch eine Balkenkonstruktion

Das alte **Mangelhalber Tor** war früher eines vieler Tore in einem 20 km langen Gatter, das den Ort Lerbach umzäunte. So wollte man im 19. Jahrhundert das Wild von Wiesen, Äckern und Gärten fernhalten. Als nach dem Zweiten Weltkrieg das Gatter löchrig und brüchig geworden war, nutzten die Bewohner Lerbachs die Ruine als Brennholz für die heimischen Öfen.

Folgen Sie dem Weg weiter geradeaus. Es stehen immer mal wieder Bänke am Wegesrand.

Von den 🬀 Aussichtspunkten **Ackerblick** und **Antons Blick** haben Sie eine schöne Aussicht auf den gegenüberliegenden Höhenzug, der Auf dem Acker heißt. Der Turm auf der felsigen Kuppe nennt sich Hanskühnenburg (in 811 m Höhe). Nebenan steht eine Hütte, die ganzjährig bewirtschaftet ist (Wanderungen auf dem Acker ☞ Buchtipp Wanderführer Oberharz, S. 29).

Ein Abstecher zum **Dorotheenblick** lohnt kaum, die Bank ist verfallen und die Sicht nicht besser als vorher.

2,6 km hinter dem Mangelhalber Tor, so sagt es das Schild, trifft man auf eine von rechts hinten kommende Schotterstraße. Ihr folgen Sie kurz nach links, um 30 m weiter wieder rechts in den schmaleren Weg abzubiegen ✎ „Hexenstieg, Clausthal 3,6 km, Altenau 12,9 km").

> ✋ Geradeaus ginge es weiter nach Buntenbock, ⮕ 1,3 km.
> ☺ Falls Sie in Buntenbock übernachten wollen: Ein schönerer Weg führt vom
> ☞ Bärenbrucher Teich nach Buntenbock und ist weiter unten beschrieben.

Geradeaus weiter, Abzweigungen ignorierend und an einer Gabelung links haltend, erreichen Sie den rechts liegenden Bärenbrucher Teich ❹ (≋) an seinem Staudamm und an einer ⌂ Schutzhütte (km 11).

Bärenbrucher Teich

Der **Bärenbrucher Teich** wurde 1644 durch Stauung der Innerste angelegt, um die Wasserräder der Bergwerke zum Antrieb von Pumpen und Fördereinrichtungen zu versorgen. Die **Innerste** war der wichtigste Fluss für den Bergbau im Oberharz, da sie die meiste Energie lieferte. Sie fließt durch viele Stauteiche über Buntenbock und Wildemann nach Nordwesten und mündet hinter Hildesheim in die Leine. Um die häufigen Hochwasser im Harzvorland zu vermeiden, wurde im Nordharz der Innerstestausee gebaut. Der Hexenstieg führt später noch am Entensumpf vorbei, an dem die Quelle der Innerste liegt.

> ✋ **Abstecher nach Buntenbock**
> Vor der Hütte könnten Sie bereits nach links Richtung ✎ „Buntenbock" abbiegen, z. B. um dort zu übernachten. Mehrere Wege führen hinab. Hier der schönste (1,5 km): Sie wandern entlang des Ziegenberger Teichs. Halten Sie sich hinter dem Ziegenberger Teich halb rechts und laufen Sie hinunter über Wiesenpfade zum linken Ende des Sumpfteichs mit dem Damm. Hinter dem Damm links ab gelangen Sie ins Ortszentrum.

☺ Falls Sie vom Hexenstieg nach Buntenbock abzweigen, sollten Sie vorher aber von der Hütte aus zumindest noch 50 m weiter auf den Damm gehen, um den schönen Blick nach links auf den Ziegenberger Teich (≈) zu genießen. Dann gehen Sie wieder zurück zur Hütte und schlagen den Weg nach Buntenbock ein.

Buntenbock 🛈 ⇌ ⛺ ✕ ♀ ☕ 🚌 ⇧ 550-600 m,
ca. 750 Ew., ✉ 38678 Clausthal-Zellerfeld

🛈 Tourist-Info Buntenbock, Schwarzenbacher Str. 19, ☎ 053 23/712 89 60,
FAX 053 23/839 62, ✉ info@oberharz.de,
☞ die Zweigstelle der Touristinformationen im Oberharz hat nur eingeschränkte Öffnungszeiten: Mo, Di, Do 14:00-17:00,
Mi geschlossen, Fr 9:00-12:00, Sa und So geschlossen. Die Zimmervermittlung im Internet läuft zentral über 🖥 www.oberharz.de.

⇌ ✕ ♀ Die Fellerei, An der Trift 19, ☎ 053 23/17 74, ✉ info@diefellerei.de,
🖥 www.diefellerei.de, DZ ab € 40 p. P., EZ ab € 60, viele lieben es. Unbestreitbar sind Umgebung, Garten und stilvoll renovierte Gebäude der alten Brauerei ausgesprochen schön. Die Webseite gibt einen guten Einblick.

⇌ ✕ ♀ ☕ Waldhotel Pixhaier Mühle, An der Pixhaier Mühle 1, ☎ 053 23/93 80-0,
FAX 053 23/79 83, ✉ pixhaier-muehle@harz.de, 🖥 www.pixhaier-muehle.de,
☞ Restaurant und Café sind Mo & Di geschlossen, Mi & Do ab 14:00 und Fr-So ab 11:00 geöffnet, Gruppen können auch außerhalb der Öffnungszeiten Termine absprechen, DZ ab € 47 p. P., EZ ab € 65. ✋ Zur Pixhaier Mühle müssen Sie nicht nach Buntenbock abzweigen, sondern können noch bis zur nächsten Kreuzung bei ☞ km 11,6 dem Hexenstieg folgen. Dann halten Sie sich den Schildern „Pixhaier Mühle" entsprechend geradeaus, bald auf schmalem Pfad halb links und hinunter ins Tal zur Mühle. Allerdings ist der Weg über Buntenbock sehr schön und auch nur 900 m länger.

⇌ Pension Haus Hoheneck, Karla Hille, Mittelweg 11, ☎/FAX 053 23/24 22,
✉ info@hoheneck-harz.de, 🖥 www.hoheneck-harz.de, DZ ab € 32 p. P., die Pension liegt mitten im ruhigen Dorf. Freundliche, familiäre Atmosphäre

⛺ ✕ Campingplatz Prahljust mit Gasthof, Laden, Sauna und Schwimmbad, An den langen Brüchen 4, ☎ 053 23/13 00, 🖥 www.prahljust.de, Preis für 2 Personen mit Zelt ca. € 18, der Platz wirkt von der Eingangsseite her erst nicht so einladend, er bietet aber sehr schöne Plätze direkt am Pixhaier Teich. ✋ Sie müssen auch für den Campingplatz nicht nach Buntenbock abbiegen, er liegt kurz hinter Buntenbock direkt am Hexenstieg.

✕ ♇ Neben der Pension Haus Hoheneck liegt das Restaurant **Harzer Speisekammer**, Mittelweg 13, ☏ 053 23/21 43, ✉ kontakt@harzerspeisekammer.de, 🖳 www.harzerspeisekammer.de, 🕓 Mo-Mi & Fr-Sa ab 17:00, So und feiertags 11:00-19:00, Do Ruhetag.

☺ Über weitere Übernachtungsmöglichkeiten in Buntenbock informieren die Tourist-Infos.

Buntenbock liegt auf der Clausthaler Hochfläche inmitten von Wiesen und vielen Seen. Da die alte Harzstraße hier entlanglief, verdienten viele Einwohner sich ihr Geld als Fuhrleute. Dadurch hat auch die Pferdezucht hier eine lange Tradition.

Von Buntenbock zurück zum Hexenstieg (1,8 km vom Zentrum) folgen Sie dem Uferweg des Sumpfteichs (den Sie rechts liegen lassen), der zur 🏠 Pixhaier Mühle führt. Die 🛏 ✕ ♇ ☕ Pixhaier Mühle passieren Sie auf der rechten Seite, halten sich auf dem Wiesenhang rechts hinauf und stoßen in der Nähe des Campingplatzes wieder auf den Hexenstieg.

Wenige Meter hinter der Hütte taucht der **Ziegenberger Teich** (🏊 schöne Badestelle mit Wiese gleich links) auf und der Hexenstieg führt auf einem Damm zwischen den beiden Wasserflächen hindurch. Ein Striegelhäuschen auf dem Damm dient der Wasserhöhenregelung, um ein Überlaufen des Dammes zu verhindern und um das Wasser für Reparaturen ablassen zu können.

Oberharzer Wasserregal

Die beiden Teiche (im Harz werden die Stauseen der Bergbauzeit Teiche genannt) und die im späteren Verlauf des Hexenstiegs folgenden Gräben (oberirdisch) und Wasserläufe (unterirdisch) sind Bestandteil eines ausgeklügelten Systems, das einst zur Energiegewinnung genutzt und als **Oberharzer Wasserregal** bekannt wurde. Insgesamt wurden 110 Teiche, 500 km Gräben und 30 km Wasserläufe angelegt. Wasser wurde gebraucht, um über Mühlräder in den Silber-, Blei-, Zink- und Eisenbergwerken Pumpen und Schöpfräder sowie Förderanlagen anzutreiben.

Einerseits war Wasser gefürchtet, weil es in die Stollen und Schächte einsickerte und den Erzabbau behinderte oder sogar unmöglich machte. Andererseits konnte Wasser die Wasserräder drehen, die mittels Pumpen das eingesickerte Wasser aus den Gruben herausholten: „Wasser durch Wasser heben", war die Devise.

Der intensive Bergbau wurde erst durch von Wasserkraft angetriebene Maschinen (in der Bergmannssprache „Künste" genannt) ermöglicht. Vorher hatten Pferde die Pumpen im Schacht mittels sogenannter Göpelanlagen ständig in Gang gehalten. Dieses System reichte mit zunehmender Tiefe der Schächte nicht mehr aus. Noch früher hatten „Wasserknechte" mit Ledereimern Wasser geschöpft und es über eine Menschenkette an die Oberfläche gebracht.

Aber die regelmäßige Zuführung von Wasser bereitete Probleme. Trockene Sommer mit Wassermangel oder die Vereisung im Winter konnten die wasserbetriebenen Pumpen oder die „Fahrkünste" lahmlegen. Die Lösung suchte man im Speichern und „Hochhalten" des Wassers. So entstanden die vielen Gräben und Stauseen, die uns heute beim Wandern so erfreuen.

☺ Wie in vielen anderen Berufen oder Fachbereichen wird unter Bergleuten eine spezielle Sprache mit besonderen, teils sonderbaren Begriffen gesprochen. Interessant ist das entsprechende Lexikon unter 🖳 www.dorotheastollen.de/lexikon.

Das UNESCO-Welterbe Harzer Wasserregal bildet einen Komplex aus Gräben, Teichen und Stollen aus der Zeit zwischen 1536 und 1866. Heute sind noch 65 Teiche, 70 km Gräben und 20 km Wasserläufe aktiv. Dieses weltweit einmalige System steht unter Denkmalschutz und wird heute durch die Harzwasserwerke unterhalten.

📖 Oberharzer Wasserregal von Nicole Wunram, Conrad Stein Verlag, Der Weg ist das Ziel, ISBN 978-3-86686-351-4, Preis € 12,90

☺ ⌘ Eine Ausstellung zum Oberharzer Wasserregal ist bei den Harzwasserwerken in Clausthal-Zellerfeld zu besichtigen (zuständig ist das Bergwerksmuseum).

♦ Harzwasserwerke Betriebshof Clausthal, Kaiser-Wilhelm-Schacht, Erzstr. 24, ☏ 053 23/989 50, ✉ info@bergwerksmuseum.de, 🖳 www.bergwerksmuseum.de, 🗓 1.4. bis 31.10. täglich 15:00-17:00

Am Ende des Dammes befindet sich ein Überlauf, an dem das überschüssige Wasser des oberen Teiches in den unteren abfließt.

Eine kleine Hütte (🏠) verdeckt dort den Schacht zum Einstieg des 940 m langen unterirdischen Bärenbrucher Wasserlaufs, der am Südende des weiter nördlich gelegenen Pixhaier-Teich-Damms endet.

✥ Eine **romantische Variante** auf schmalen Waldpfaden zweigt hier ab. (✋ Sollten Sie nach Clausthal abbiegen wollen, wäre diese Variante ungünstig.) Etwas hinter der Bank können Sie rechts auf Trampelpfaden dem Ufer folgen. Hier finden sich schöne Picknickstellen und Badeplätze, an denen Sie meist allein sind.

Etwas weiter, etwa 100 m hinter dem Ende des Sees, biegen Sie rechts auf einen weiteren Pfad ab. Mit einem großen Schritt überwinden Sie die Innerste und der Pfad steigt für 200 m leicht an. Oben treffen Sie auf eine Forststraße, der Sie 75 m nach links folgen, um dann wieder links auf einen Waldpfad abzubiegen.

✋ Der Pfad führt sehr unscheinbar im spitzen Winkel nach links ins Gebüsch hinein.

Er folgt dann sehr urig und geheimnisvoll einem Damm entlang eines Grabens. Am Nassewieser Teich trifft er wieder auf den Hexenstieg.

Etwa 350 m hinter dem Bärenbrucher Teich stößt der ✎ Hexenstieg auf eine querende Forststraße ❺ (km 11,6). Sie folgen dieser nach rechts (Nordost). ✋ Wenn Sie gegen Ende dieser Etappe ein festes Dach über dem Kopf haben wollen, müssen Sie spätestens hier den Hexenstieg für heute verlassen!

✋ ✥ Falls Sie nahe am Hexenstieg übernachten oder einkehren wollen: Gehen Sie geradeaus und biegen Sie ca. 120 m hinter der Kreuzung (auf Höhe des Campingplatzes) halb links in den schmalen Wald- und später Wiesenpfad ein. Hier geht es zum o. g. 🛏 ✗ ♀ ☕ Hotel Pixhaier Mühle in ca. 700 m Entfernung vom Hexenstieg (☞ Buntenbock).

✥ Abstecher nach Clausthal-Zellerfeld

Ein lohnender Abstecher, nicht nur zum Übernachten, ist die 3 km lange Wanderung vom Hexenstieg nach Clausthal. Hier finden Sie die lebendigste Stadt im Oberharz mit der Berguniversität und der größten Holzkirche Deutschlands.

Mehr oder weniger geradeaus (rechts und sofort wieder links, dann immer geradeaus und an der Gabelung halb rechts haltend) führt der Weg (✎ „Clausthal") hinab und über den Damm des Pixhaier Teichs.

Hinter dem Pixhaier Teich folgen Sie weiterhin geradeaus dem Wurzelpfad in den Wald hinein. Dieser führt Sie anschließend entlang einer Wiese, dann darüber und hinauf, bis er unter Ahornen einen asphaltierten Feldweg trifft. Hier haben Sie einen weiten Blick über offenes Gelände, in das die Clausthaler Seen eingebettet sind. Hier rechts und gleich wieder links gehen Sie weiter auf die ersten Häuser von Clausthal zu. Hinter den Häusern treffen Sie auf die B241 und gehen halb rechts hinüber in die Buntenböcker Str. mit typischen Harzer Holzhäusern. Sie biegen in die nächste Straße links („Großer Bruch"), dann direkt bei Haus Nr. 29 im spitzen Winkel rechts in den Fußweg ab.

Nun folgen Sie immer weiter geradeaus dem Pfad über drei Querstraßen, zuletzt durch einen engen Durchgang zwischen zwei Häusern, bis Sie auf den großen Parkplatz des Penny-Marktes treffen. Vor diesem gehen Sie rechts – Sie sehen schon die Türme der imposanten Marktkirche – und haben 100 m weiter den Marktplatz erreicht (ab Hexenstieg 3 km).

⌘ ✝ Die riesige **Marktkirche** Zum Heiligen Geist wurde nach einem Großbrand im Dreißigjährigen Krieg 1640 in ihrer heutigen Form erbaut. Sie besteht komplett aus Eichen- und Fichtenholz und wirkt wegen ihrer Größe und dem blauen Anstrich wie aus einer anderen Welt. Der prächtig ausgeführte norddeutsche Barock spiegelt den damaligen Reichtum der alten Bergbaustadt Clausthal wider.

🚌 Vom Markt sind es ca. 1,3 km bis zum zentralen Busbahnhof (ZOB) zwischen den Ortsteilen Clausthal und Zellerfeld.

Die Marktkirche in Clausthal zeigt den Reichtum vergangener Zeiten

Clausthal-Zellerfeld

⇧ 400 m, 15.000 Ew., ✉ 38678

- Touristinformation Clausthal-Zellerfeld, Bergstraße 31, ☎ 053 23/810 24, info@oberharz.de, www.oberharz.de, Mo, Di, Do, Fr 9:00-17:00, Mi 9:00-13:00, Sa 9:00-16:00, So/feiertags 10:00-13:00
- Hotel zum Harzer, Treuerstraße 6, OT Zellerfeld, ☎ 053 23/95 00, info@zum-harzer.de, www.zum-harzer.de, EZ ab € 60, DZ ab € 84, das Hotel befindet sich in einem traditionellen Harzer Holzhaus im ruhigen Ortsteil Zellerfeld. Direkt nebenan liegt das besuchenswerte Bergwerksmuseum.
- Pension Picco-Bello, Adolph-Roemer-Straße 22, OT Clausthal, ☎ 053 23/98 70 09, info@pension-picco-bello.de, pension-picco-bello.de, DZ ab ca. € 70, die Pension liegt nicht weit von der Marktkirche im Zentrum Clausthals.
- Campingplatz Prahljust direkt am Hexenstieg, Buntenbock
- Campingplatz Polstertal: Gehen Sie dazu schon die ersten Kilometer der 2. Etappe, ☞ Abstecher vom Polsterberger Hubhaus (2. Etappe, km 2,4).
- Die Adolph-Roemer-Straße im Zentrum Clausthals ist verkehrsberuhigt. Hier liegen viele Gaststätten und Restaurants, vor denen Sie im Sommer auch draußen sitzen können. Cafés, Eisdielen und Bäckereien komplettieren das Angebot. Die Universität mit vielen Studenten aus aller Welt verleiht dem Ort ein vergleichsweise lebendiges Ambiente.
- In Clausthal-Zellerfeld finden sich viele Übernachtungs- und Einkehrmöglichkeiten. Den besten Überblick bekommen Sie über die Tourist-Info.

Clausthal und Zellerfeld waren zwei freie Bergstädte des Harzes. Der **Erzbau** hat beide Städte reich gemacht und die Landesherren hatten ihren Bürgern besondere Freiheiten gewährt. Für den Bergbau wichtige Erfindungen wie die „Fahrkunst" und das Drahtseil wurden hier gemacht. Die **Technische Universität** prägt noch heute den Ort. Die Hochebene von Clausthal gehörte zeitweise zu den reichsten Regionen Europas und verfügt über eine interessante, wechselvolle Geschichte. 1924 wurden beide Orte vereinigt.

In der Bergbauzeit befanden sich an den Pfauenteichen (östlich von Clausthal-Zellerfeld) die äußerst ergiebigen **Silbererz-Gruben Dorothea und Caroline**. Es war damals möglich, in eine Grube hineinzufahren und unterirdisch zur anderen zu gelangen. Dies taten um 1800 u. a. Goethe, Heine, Schopenhauer und der Schotte James Watt. In der Nähe lag im Zweiten Weltkrieg mit dem **Werk Tanne** auch eine der größten Munitionsfabriken der Nationalsozialisten.

⌘ **Oberharzer Bergwerksmuseum**, Bornhardtstraße 16, ☏ 053 23/989 50, 🖥 www.bergwerksmuseum.de, ✉ info@bergwerksmuseum.de, 🕐 täglich 10:00-17:00, das Museum befasst sich mit der Entwicklung des Erzbergbaus und der Wasserwirtschaft im Harz vom Mittelalter bis zum Ende des 19. Jahrhunderts und ist außerordentlich sehenswert.

Um **zum Hexenstieg** zurückzukehren, verlassen Sie den Marktplatz über die rechts oben mündende Schulstraße. Sie führt zwischen Harzer Holzhäusern Richtung Südosten und fädelt in die B242 (Rollstr., später Andreasberger Str.) ein. Folgen Sie ihr bis zum Ortsschild und biegen Sie dahinter rechts auf die Wiesen ab (✎ „Zum Harzer Hexenstieg").

Durch Wiesen sanft hinab, zwischen zwei Seen hindurch und wieder hinauf zieht sich der Fußweg über eine Kuppe hinweg. Hier trifft man oft Bussarde oder Milane bei der Jagd. Wieder abwärts durch Wiesenlandschaft kreuzen Sie bei einem Bauernhof einen asphaltierten Feldweg. Nun sehen Sie rechts unten wieder den Pixhaier Teich und den Campingplatz.

Immer weiter geradeaus queren Sie das Tal, steigen am Waldrand wieder an, queren noch ein Asphaltsträßchen und erreichen am ✎ **Nassewieser Teich** den Hexenstieg (2,8 km ab Marktplatz Clausthal).

↳ Gut 350 m nach der Kreuzung, mittlerweile auf Asphalt, geht es links zum ✕ ♀ Waldgasthof Rübezahl auf dem △ **Campingplatz Prahljust** (☞ Buntenbock.) ab.

✕ ♀ **Waldgasthof Rübezahl**, An den Langen Brüchen 4, 38678 Clausthal-Zellerfeld, ☏ 053 23/948 79 83, 📱 01 51/12 29 75 18, 🕐 täglich 8:00-10:00, 12:00-14:30, 17:30-22:00, es gibt unterschiedliche Meinungen über den Waldgasthof. Gruppen ab 8 Leuten sollten sich telefonisch anmelden.

Sie gehen weiter auf der Straße. Nach gut 50 m weist ein kleines ✎ Schild nach rechts auf einen Trampelpfad, dem Sie folgen. Er führt in den Wald zu einem Wassergraben. Biegen Sie hier links ab und gehen Sie hoch auf den Damm. Eine Schautafel erläutert, wie und wozu das Wasser benutzt wurde.

Von links mündet die Route von Clausthal auf den Hexenstieg. Eine ⊼ Sitzbank mit Blick über den Oberen Nassewieser Teich lädt zum Verweilen ein (km 12,4).

> 🐾 Zwei weitere Schilder auf dem Damm erläutern die damalige **Wassertechnik**. Hier beginnt ein Rundweg von 650 m Länge, der die Informationen veranschaulicht.

Der Hexenstieg führt weiter über den Damm. Am Ende des Dammes kommt von rechts unten die Variante ab dem Bärenbrucher Teich aus dem Wald herauf.

Der Hexenstieg zweigt an dieser Stelle halb links hinauf in den Wald ab. Der Trampelpfad stößt nach gut 250 m auf eine schmale asphaltierte Straße. Folgen Sie dieser Straße für ca. 350 m nach links, bis rechts ein kleiner Pfad abzweigt und über kräftiges Wurzelwerk in den Wald führt.

Kurz darauf taucht der Teich **Entensumpf** (km 13,4) auf, der ebenfalls künstlich angelegt wurde und zunächst der Energiegewinnung und später der Trinkwasserversorgung diente. Der Hexenstieg folgt dem linken Ufer.

> 📷 🐾 Fotografen sollten den See lieber gegen den Uhrzeigersinn umrunden, weil das linke Ufer dann meist von der Sonne beschienen wird. Außerdem kommen Sie auf der rechten Seite des Sees an der Innerstequelle (605 m, Infotafel) vorbei. Ein großer Felsstein mit der Aufschrift **„Innerste Sprung"** markiert die Quelle, die eingefasst aus einem Hang heraus und in den Entensumpf hineinfließt. Nach 95 km mündet die Innerste hinter Hildesheim in die Leine.

Das Wasser des Entensumpfes – im 16. Jahrhundert zur Energiegewinnung und als Trinkwasserspeicher für Clausthal angelegt – lädt mit seiner grünlichen Färbung weniger zum Baden ein als die kristallklaren Wasser der anderen Seen. Trotzdem ist er sehr sauber und auch zum 〰️ Schwimmen geeignet. Es gibt ein paar Grasflächen am See, die zur Rast einladen. Je nach Wetterlage locken die schattigen Plätze auf der rechten oder die sonnigen auf der gegenüberliegenden Nordwestseite.

Wenige Meter hinter dem Entensumpf ist bei km 13,6 eine Forststraße und damit das offizielle Ende der ersten Etappe erreicht (links unten ist der 🅿 **Parkplatz Entensumpf** an der B242 zu sehen).

☺ Sie können sich vom Parkplatz Entensumpf (B242) per Taxi nach Clausthal abholen und/oder am nächsten Tag dorthin bringen lassen:
- 🚗 Auto-Gärtner, Clausthal-Zellerfeld, ☏ 053 23/400 01, 💻 www.autogaertner.de
- ◆ City-Mini-Car, Clausthal-Zellerfeld, ☏ 053 23/17 67, Preis pro Fahrt etwa € 12

2. Etappe: Clausthal (Entensumpf) – Torfhaus

➲ *19,5 km,* ⏳ *6 Std.,* ↑ *360 m,* ↓ *120 m,* ⇧ *560-800 m*

0,0 km	⇧ 615 m	Entensumpf 🚗
2,4 km	⇧ 620 m	Polsterberg
5,6 km	⇧ 580 m	Sperberhaier Dammhaus ✕ ⚑
10,1 km	⇧ 590 m	Abzweig ↳ Altenau (Grabenhaus Rose) 🄸 ⛵ ✕ ⚑ △ 🚉
		🐾 ⛵ ♥ ≋ ✡ 🚍
14,8 km	⇧ 615 m	Schachtkopfhütte (Förster-Ludewig-Platz)
19,5 km	⇧ 800 m	Torfhaus (Nationalparkzentrum) 🄸 ⛵ 🛖 ✕ ⚑ 🚉 [BANK] 🚍

Heute verlassen Sie die Hochebene von Clausthal und wandern – meist im Wald entlang murmelnder Gewässer – hinauf in die Hochmoor-Region am Fuße des Brockens. Sehr interessant ist das System der Seen, Gräben und Wasserläufe, das die heutige Route prägt. Immer wieder stoßen Sie auf Informationstafeln, die die Bedeutung dieses Wunderwerks frühen Wasserbaus erklären. Es trägt zu Recht den Welterbe-Titel.

Das Sperberhaier Dammhaus ist eine frühe, aber auch die letzte Einkehrmöglichkeit vor dem Ziel – es sei denn, Sie steigen nach Altenau ab.

Vom Entensumpf kommend folgen Sie der Forststraße nach rechts sanft bergan.

☺ Sollten Sie vom Parkplatz Entensumpf kommen, folgen Sie ihr geradeaus (✎ „Hutthaler Widerwaage").

Die Forststraße beschreibt 500 m nach dem Entensumpf eine Rechtskurve. Gehen Sie geradeaus weiter den steilen Weg hinab. 100 m weiter ist die sogenannte ✡ **Hutthaler Widerwaage** (⛩) ❶ erreicht, ein dreieckig angelegtes Wasserbecken mit zwei Zuläufen und einem Überlauf hinunter ins Tal.

Eine Infotafel erklärt den bergmännischen Begriff der Widerwaage. Bei vollem Hirschler Teich (der auf der anderen Seite des Höhenrückens liegt) staut sich das Wasser in einem unterirdischen Kanal zurück. So wurde das Becken vor Ihnen mit Wasser gefüllt und versorgte den Hutthaler Graben und den Unteren Hutthaler Teich. Überschüssiges Wasser lief über den Überlauf ins Tal.

Sank der Wasserspiegel im Hirschler Teich, z. B. durch starke Nutzung, so kehrte sich die Fließrichtung um und der Untere Hutthaler Teich gab sein Wasser an den Hirschler Teich ab.

Um zu funktionieren, war ein absolut waagerechter Bau der kilometerlangen Kanäle erforderlich. Eine hilfreiche Idee, die aber zentimetergenaues Arbeiten über lange Strecken erforderte.

Der Hexenstieg verläuft weiter auf dem Damm des **Hutthaler Grabens**.
Als einziger Graben im Oberharz wurde dieser über eine Länge von 1,2 km absolut waagerecht angelegt, um Wasser zwischen dem Hirschler Teich und dem Unteren Hutthaler Teich nach Bedarf hin- und herfließen zu lassen.

Ca. 1 km nach der Widerwaage wird der **Hutthaler Teichdamm** (🕀 Dr.-Martin-Schmidt-Platz, km 1,6) erreicht, ein 138 m langes Aquädukt, über das das Wasser zur anderen Talseite geleitet wurde. An der gegenüberliegenden Dammseite ist der Auslauf des 730 m langen **Schwarzenberger Wasserlaufs** (ein unterirdischer Kanalstollen) zu sehen, der heute vornehmlich Fledermäusen und Lurchen als Quartier dient.

☺ ♘ Empfehlenswerte Abkürzung: Wandern Sie am Ende des Hutthaler Grabens (🕀) einfach geradeaus in den Wald hinein, ohne den Damm zu überqueren. So kommen Sie auf romantischem Waldpfad direkt zur B242 und dem dort beschriebenen Parkplatz (☞ km 2,4) ❷.

Um dem offiziellen Hexenstieg zu folgen, halten Sie sich hinter dem Ende des Aquädukts links und gehen die Forststraße aufwärts. Bald darauf ist fast die B242 erreicht. Sie folgen kurz vorher einem Pfad nach halb links, erreichen bald die Landstraße und queren sie zu einem 🅿 Parkplatz ❷. Hier (🚌, km 2,4) befindet sich links, etwas im Wald versteckt, eine ⌂ Schutzhütte.

♘ Außerdem weist ein Schild auf das sehr empfehlenswerte ✕ ♀ **Polsterberger Hubhaus** in 800 m Entfernung hin, das im historischen Ambiente eines alten Pumpenhauses und im schönen Garten Mahlzeiten und Getränke anbietet. In dieselbe Richtung führt auch der Abstecher zum **Campingplatz Polstertal**.

Das **Polsterberger Hubhaus** aus dem Jahr 1801 gehörte im 19. Jahrhundert zum Oberharzer Wasserregal. Eine beeindruckende Konstruktion hob das Wasser aus dem Dammgraben in den 18 m höher gelegenen Tränkegraben. Unter dem

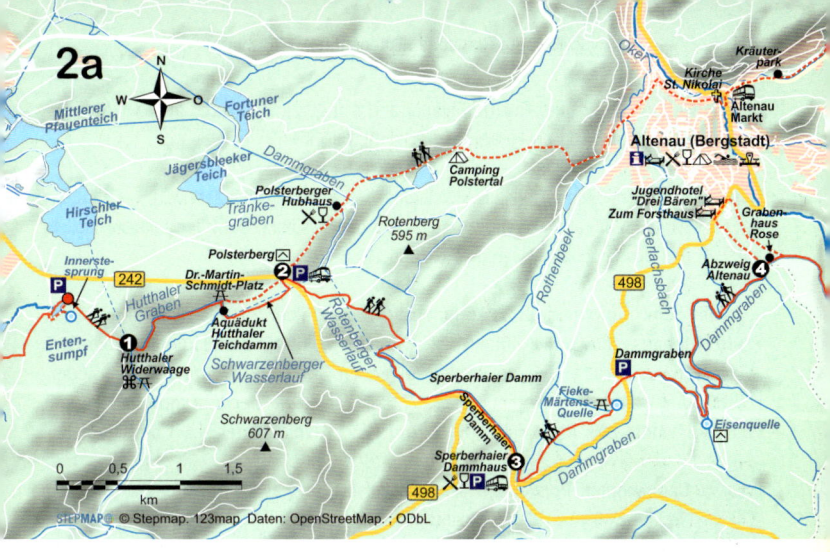

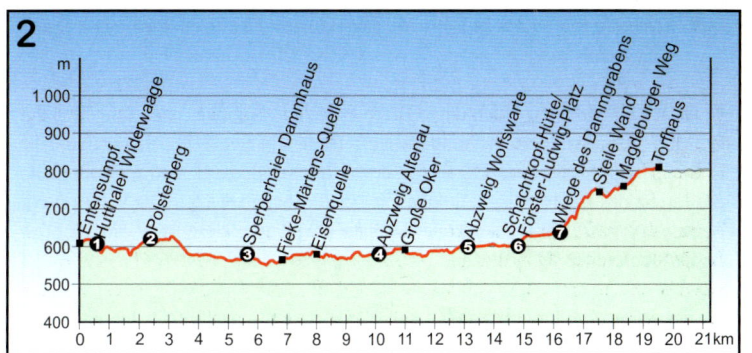

Hubhaus befand sich ein Schacht mit einer Pumpe, die wiederum durch Wasserkraft angetrieben wurde. „Feldgestänge" aus Holz, über 700 m lang, übertrugen die Antriebskraft. Im restaurierten Hubhaus erläutert eine Skizze, wie die Technik funktionierte.

Zum Amt des Hubmannes und Grabenwärters gehörte das Schankrecht für Reisende und so ist das ehemalige Hubhaus auch heute noch eine viel besuchte Waldgaststätte. Im ⌂ ✕ ♀ Polsterberger Hubhaus gibt es leckeres Essen mit viel Regionalem und Biokost, nette Menschen, eine schöne Einrichtung und einen tollen Biergarten. Außen an der Hauswand hängt eine Skizze, auf der Sie die Funktion der historischen Hubanlage erkennen können.

🚍 ✕ 🍽   Polsterberger Hubhaus, Polsterberg 1, 38678 Clausthal-Zellerfeld,
☎ 053 23/55 81, 💻 www.polsterberger-hubhaus.harz.de, 🕑 Juni-Oktober täglich und November-Mai jeweils Mi-So 11:00-19:00

Um zum Campingplatz zu kommen, folgen Sie vom Parkplatz am Hexenstieg zum Hubhaus einfach der Zufahrtpiste. Steigen Sie hinter dem Hubhaus über den Wiesenpfad hinab. Unten am Waldrand gehen Sie kurz links und dann wieder rechts durch Wald weiter hinunter. Rechts liegen Reste der Wasserhebeanlagen. Bald folgt der 〰 Polstertaler Teich und gleich dahinter der △ **Campingplatz**.

△   **Campingplatz Polstertal**, Waldcampingplatz Polstertal, 38707 Altenau,
☎ 053 23/55 82, ✉ info@campingplatz-polstertal.de,
💻 www.campingplatz-polstertal.de, Preis für 2 Personen mit Zelt ca. € 18, der Campingplatz liegt noch etwa 1 km hinter dem Hubhaus unten im Tal (etwa 1,9 km abseits des Hexenstiegs).

Vom Campingplatz Richtung Osten erreichen Sie (am nächsten Tag) auf 2,8 km ausgeschilderten Wanderwegen (Wegnummer 10R, dann über die Rothenberger Straße und die rechts davon abzweigende Bergstraße) unterhalb der Kirche das Zentrum von **Altenau** mit dem Busbahnhof. Der Weg von dort zur *Schachtkopfhütte* am Förster-Ludewig-Platz (2. Etappe, Hexenstieg-km 14,8) ist beschrieben unter ☞ Altenau.

Sie gehen vom Parkplatz (🚌) über die Forststraße nach rechts hinunter, parallel zur B242 (Richtung Osten/Braunlage/Andreasberg). In einer Linkskurve zweigt rechts ein Trampelpfad ab, der in den Wald führt. An einer Gabelung halten Sie sich halb links (🖐). Der mit Baumwurzeln durchzogene Pfad stößt auf einen Forstweg, der gerade überquert wird. An einem Fünffach-Wegstern nehmen Sie den zweiten Weg von rechts (halb rechts) in Richtung Dammhaus.

Sie erreichen ca. 250 m nach dem Wegstern bei einer Linkskurve den Einlauf des unterirdischen **Rotenberger Wasserlaufs**, der 770 m lang ist und durch den ein 2,7 km langes Teilstück des Dammgrabens um den Rotenberg herum überflüssig wurde. Ein Einfrieren der Gräben hätte den Bergwerksbetrieb stillgelegt. So wurden die Gräben im Spätherbst mit Holz, Reisig und Fichtenzweigen oder mit Steinplatten abgedeckt, um ein Einfrieren zu verhindern. Später ersetzte man sie an vielen Stellen durch wartungsarme und frostfreie Wasserläufe (unterirdische Stollen).

Folgen Sie dem Graben, der weiter parallel zur Bundesstraße verläuft, bis Sie wieder an die **B242** gelangen.

Vor Ihnen erstreckt sich der **Sperberhaier Damm**, der am höchsten Punkt 16 m hoch ist. Als „Hai" bezeichnete man im Harz waldfreie Flächen, die oft als Weide genutzt wurden. Zunächst verläuft der Wanderweg auf dem Damm neben dem offenen Graben und später führt er auf dem abgedeckten Grabenteil weiter.

Das **Dammgrabensystem** wurde vor allem für die Wasserversorgung der ergiebigen Gruben in ✋ Clausthal gebaut. Das Herzstück des Dammgrabens, der 953 m lange Sperberhaier Damm, wurde jahrelang geplant und vorbereitet, dann aber in nur gut zwei Jahren von 1732 bis 1734 erbaut. 300 bis 400 Bergleute – in Spitzenzeiten sogar 500 – schleppten mit einfachsten Mitteln, per Schaufel, Eimer und Schubkarre, das Erd- und Felsmaterial (etwa 180.000 Kubikmeter) herbei und schütteten den Damm auf. Der Damm war aber nicht als Staudamm gedacht. Mit ihm sollte der tiefe Taleinschnitt überwunden werden, um Wasser aus der Brockenregion bis nach Clausthal zu leiten.

1 km weiter, am Ende des Dammes, befindet sich eine 🚌 Bushaltestelle und rechts die ✕ ♀ Gaststätte Sperberhaier Dammhaus ❸ (km 5,6).

✋ Dies ist vor Torfhaus die letzte Einkehrmöglichkeit, es sei denn, Sie steigen nach Altenau ab. In letzterem Fall beträgt der Umweg mindestens 1,3 km (vom Grabenhaus Rose bis zur ersten Altenauer Gaststätte Zum Forsthaus).

Das historische **Sperberhaier Dammhaus** (von 1733) liegt zwar direkt an der Straße B242, aber der schöne Garten geht nach hinten raus und man sitzt dort ruhig. Während der Bauzeit des Dammes diente es als Aufenthalts- und Umkleidehaus für die Bergwerksleute, später wohnte der Dammgrabenwärter darin. Es gibt eine attraktive Auswahl an großen und kleinen Gerichten, hausgebackene Kuchen und sogar nahrhaft-süße Versuchungen wie Eierpfannkuchen mit Blaubeeren oder Kaiserschmarrn zu fairen Preisen.

✕ ☕ Sperberhaier Dammhaus, Dammhaus 1, 38678 Clausthal-Zellerfeld,
☎ 053 28/91 14 95, 🖳 www.dammhaus-harz.de, 🕓 im Sommerhalbjahr täglich 10:00-20:00, im Winter evtl. etwas eingeschränkt

Am Dammgraben wandert man fast eben dahin – aber mit vielen Kurven

Der Hexenstieg führt am 🅿 Parkplatz mit 🚌 Bushaltestelle gegenüber der Gaststätte in den Wald hinein (🥾). Nach 200 m knickt der Hexenstieg nach links ab, der Dammgraben verläuft auf der anderen Straßenseite der B498, der Bundesstraße nach Altenau, weiter.

Der Pfad stößt nach weiteren 150 m auf einen Forstweg, dem Sie nach halb links folgen. Nach noch einmal 150 m biegt rechts ein Pfad in den Wald hinein. Der nun folgende Wegabschnitt kann nach Regen etwas morastig sein. An der lustig sprudelnden **Fieke-Märtens-Quelle** stehen zwei ⊼ Bänke, die zur Rast einladen.

Bei km 7,1, 300 m hinter der Quelle, wird die **Bundesstraße** überquert und der immer gut markierte Weg führt wieder in den Wald hinein. Nach wenigen Metern wird der Dammgraben wieder erreicht und der Hexenstieg folgt ihm stromaufwärts.

An der **Eisenquelle**, 900 m hinter der Straße, sind eine ⌂ Schutzhütte mit Tisch und mehrere Bänke aufgestellt worden. Die Quelle ist nach ihrem eisenhaltigen Wasser benannt worden. Hier kreuzt der Gerlachsbach den Dammgraben. Eine Schautafel erklärt die kleinen Wehre, die den Wasserfluss regeln.

Der Hexenstieg führt immer weiter am Dammgraben entlang. Plötzlich taucht eine 1997 erneuerte Konstruktion auf, die es ermöglicht, einen von oberhalb einströmenden Bach bei zu viel Wasser mittels eines Überlaufs abzuleiten, damit der Dammgraben nicht überläuft und beschädigt wird.

Sie erreichen ein Gebäude und eine Wanderwegekreuzung mit aufwändiger Beschilderung ❹ (km 10,0). Das **Grabenhaus Rose** diente als Wasserwerk (ähnlich einem Wasserturm im Flachland). Es wurde Mitte der 70er-Jahre erbaut und versorgte bis vor wenigen Jahren Altenau mit Trinkwasser, das aus dem Dammgraben abgezweigt und hier aufbereitet wurde.

Ein steiler Forstweg zieht sich knapp 600 m hinunter zur B498, die nach **Altenau** hineinführt.

Unten befindet sich am Ortseingang das Hotel Zum Forsthaus. Nur 100 m weiter in Richtung Altenau, an der Stelle der früheren Jugendherberge, liegt das Hostel/Jugendhotel Drei Bären. Vom Drei Bären steigen Sie auf Wiesenpfaden über den Skihang auf und erreichen so wieder den Hexenstieg.

Viele weitere Übernachtungs- und Einkehrmöglichkeiten liegen im Ortszentrum.

Altenau

⇧ 440-540 m, ca. 2.000 Ew. 38707

- Touristinformation & Zimmervermittlung Altenau-Schulenburg, Hüttenstr. 9, ☏ 053 28/80 20, info@oberharz.de, www.oberharz.de, Mo-Sa ab 9:00, Mo, Di, Do, Fr bis 17:00, Mi bis 13:00, Sa bis 16:00, So 10:00-13:00

- Landhotel Alte Aue, Marktstraße 17, ☏ 053 28/980 10, info@landhotel-alteaue.de, www.landhotel-alteaue.de, EZ ab € 45, DZ ab € 75

- Hotel Drei Bären, Auf der Rose 11, ☏ 053 28/911 54 40, info@3baeren.de, www.3baeren.de, EZ ab € 50, DZ ab 55 €, das Hotel liegt nahe am Hexenstieg.

- ♦ Hotel Zum Forsthaus, Auf der Rose 17, ☏ 053 28/401, forsthausweiss2@t-online.de, www.hotel-harz-altenau.de, DZ ab € 60, das Hotel liegt in Altenau am nächsten zum Hexenstieg.

- ♦ Moocks Hotel, Am Schwarzenberg 11, ☏ 053 28/98 19 50, anfrage@moocks-hotel.de, www.moocks-hotel.de, EZ ab 45 €, DZ ab € 70

- ♦ Hotel Zur Schmiede, Bergstraße 36 a, ☏ 053 28/230, info@harzhotel-zurschmiede.de, www.harzhotel-zurschmiede.de, EZ ab € 55, DZ ab € 80

2. Etappe: Clausthal (Entensumpf) – Torfhaus

⚠ Campingplatz Polstertal, ☞ Abstecher vom Polsterberger Hubhaus (2. Etappe, km 2,4)
☺ Über weitere Übernachtungsmöglichkeiten informiert die Tourist-Info.

Anfang des 16. Jahrhunderts erließen die Landesherren die sog. **„Bergfreiheiten"**, deren Vorteile (z. B. Holz zum Bauen und Heizen, Weiderechte, Back-, Markt- und Braurecht, Glaubensfreiheit sowie Ernennung von Richtern und Räten usw.) besonders die erfahrenen Bergleute aus dem sächsischen Erzgebirge bewogen, sich hier niederzulassen.

1617 erhielt Altenau das **Stadtrecht**. 1636 wurden die Bergfreiheiten verbrieft, womit Altenau zu den sechs „Freien Bergstädten" des Oberharzes gehörte. In dieser Zeit entstanden hier viele Erzgruben und Schmelzhütten.

Altenaus Wohlstand hielt sich bis ins 19. Jahrhundert. Die Produktionsbedingungen wurden immer schwieriger, die Ergiebigkeit der Erze nahm ab und die Eisenbahn erleichterte Konkurrenten den Zugang zum Markt. Um 1900 wurden die Hütten stillgelegt. Als größere Arbeitgeber verblieben danach nur noch die Holzwirtschaft und die Fuhrbetriebe, die mit ihren Pferden die Baumstämme aus den Wäldern zu den Sägewerken brachten.

Um die Wende zum 20. Jahrhundert begann man, den Ort für den **Tourismus** zu erschließen, der heute mit 550.000 Übernachtungen pro Jahr die größte Erwerbsquelle ist. Ende der 50er- bis in die 70er-Jahre hinein boomte der Fremdenverkehr; es wurden sogar Kuhställe zu Übernachtungsplätzen umgebaut und vermietet.

Zum Höhepunkt des Fremdenverkehrs wurden bis zu 80.000 Gäste pro Jahr mit 750.000 Übernachtungen gezählt. Die aufkommenden günstigen Pauschalreisen in mediterrane Länder ließen die Zahlen der Urlaubsreisen einbrechen. In den 90er-Jahren blieben nach der Grenzöffnung viele Wochenendgäste weg. Harzurlaub war vor allem bei jüngeren Leuten nicht mehr attraktiv. Das ändert sich heute wieder.

♨ Ein Highlight für Gesundheitsbewusste, Genießer und Entspannungssuchende ist die **Kristalltherme Heißer Brocken**, die neben dem Badevergnügen auch Sauna und Wellness bietet.

♦ Kristalltherme Heißer Brocken, Karl-Reinecke-Weg 35, ☎ 053 28/91 15 70,
  ✉ info@kristalltherme-altenau.de, 🖥 www.kristalltherme-altenau.de,
  🕐 So-Do 9:00-22:00, Fr-Sa bis 23:00

☺ ⌘ In der sog. **Heimatstube** in der Hüttenstraße können Sie sich über die Geschichte der Stadt, den Bergbau, das örtliche Brauchtum und die Forstwirtschaft informieren.
- Heimatstube, Hüttenstraße, 🖥 www.heimatstube-altenau-schulenberg.de,
  🕘 Mi, Sa 15:00-17:00, So 10:30-12:00

✟ Die **St.-Nikolai-Kirche** wurde Mitte des 17. Jahrhunderts im harztypischen Stil erbaut und hat eine barocke Glockenhaube.

☺ ✒ Wenn Sie in **Altenau** im Zentrum waren, brauchen Sie nicht unbedingt zum Grabenhaus Rose zurücklaufen. Sie wandern auf schönen Wegen und Pfaden von der Bushaltestelle „Altenau Markt" im Zentrum des Ortes zur **Schachtkopfhütte** am Förster-Ludewig-Platz (Hexenstieg-km 14,8).

Gehen Sie ein Stück neben der Straße Richtung Osten (L504 Richtung Torfhaus) und überqueren Sie am Kräuterpark den Bach. Der markierte Weg Nr. 18K führt auf der anderen Seite des Baches Schneidewasser parallel zur Landstraße. Sie passieren einen Teich, umgehen ein Haus und erreichen den schönen ⛱ Rastplatz am Schneidewasser. Dann steigen Sie parallel zur Landstraße an, bis Sie 3,2 km nach Altenau die Schachtkopfhütte erreichen.

✋ Bei dieser Variante verpassen Sie ein Stück am Dammgraben, das sich aber nicht sehr vom Rest des Dammgrabenwegs unterscheidet. Die ☞ Variante über die Wolfswarte bietet sich dann aber nicht mehr an.

Der Hexenstieg führt vom **Grabenhaus Rose** weiter am Dammgraben entlang. Nach wenigen Hundert Metern haben Sie von zwei ⛱ Bänken einen schönen 📷 Ausblick über das Tal und den oberhalb von Altenau gelegenen Ferienpark **Glockenberg**, gebaut 1972. Dieser dominiert die Silhouette der Stadt, was nicht jedermanns Geschmack trifft.

Nach ca. 700 m fließt von rechts die **Große Oker** in den Dammgraben und weiter talwärts. Sie mündet später – nachdem sie etliche Stauseen passiert hat – zwischen Gifhorn und Celle in die Aller. Eine raffinierte Konstruktion von Wehren ermöglichte den Grabenwächtern die Entnahme oder die Abgabe von Okerwasser. Der Hexenstieg folgt weiter dem Dammgraben.

Im weiteren Verlauf führt dieser durch hohen, lichten Fichtenwald. Immer wieder tauchen ⛱ Bänke auf, ab und zu kreuzen Forstwege den Wanderpfad.

Ein Rauschen kündigt ein **Umlenkbecken** an, in dem nach einer Gefällstrecke das Wasser des Dammgrabens im rechten Winkel abgebremst wird. In Vertiefungen im Kanal, den sog. **Drecksümpfen**, werden mitgeführte Sedimente abgelagert, um sie dann leichter entfernen zu können. Sie überqueren eine Wanderwegekreuzung geradeaus (✏️) ❺ (km 13,1).

> Hier beginnt eine schöne Variante. Nach rechts führt der **Buttersteig auf die Wolfswarte** hinauf. Noch vor dem Gipfel liegt die ⌂ Schutzhütte Altenauer Hütte. Von der Wolfswarte haben Sie tolle Aussichten über den Harz. Die Route ist landschaftlich sehr schön und gut ausgeschildert. Über den Gipfel steigen Sie zur L504 zwischen Altenau und Torfhaus ab, queren diese und erreichen bald wieder den Hexenstieg in der Nähe der 🚌 Bushaltestelle „Magdeburger Weg" bei Hexenstieg-km 18,3.

Der Buttersteig führt als Variante auf die Wolfswarte

Der Hexenstieg und der Dammgraben queren die **Landstraße** nach Torfhaus (km 13,9). Rechts an der Straße weist ein Schild auf die Höhe hin: 600 m über NN. Früher gab es hier eine Bushaltestelle, die aber stillgelegt worden ist.

Nach 150 m kreuzt der Bach **Schneidewasser** den Hexenstieg und kann dem Dammgraben Wasser spenden oder durch einen Überlauf talwärts fließen.

Am **Wagners Winkel** fließen zwei kleine Bäche in den Dammgraben. Hier steht auch ein Ensemble von drei ⚆ Bänken und einem Tisch (km 14,4).

Wegen einer dort endenden Gefällstrecke kündigt sich 400 m weiter der **Förster-Ludewig-Platz** durch lautes Rauschen des Dammgrabens an. Am Platz steht ein **Gedenkstein** für die im Ersten Weltkrieg gefallenen Forstleute und Waldarbeiter der Oberförsterei Altenau. Schutz bietet die ⌂ **Schachtkopfhütte** mit mehreren ⚆ Bänken und einem Tisch ➏ (km 14,8). Die Schachtkopfhütte war bis 1972 eine Harzer Köte, die mit Rindenplatten abgedeckt war. Sie wurde 1974 ersetzt und 2002 renoviert.

Links kommt der Weg von der Alternative aus Altenau (✎) herauf.

Die seltene Gefällstrecke des Grabens ist mit Holz eingefasst und der Weg steigt links neben dem Graben an. Bald kreuzt er in einer breiten Schneise eine Stromleitung. Dort, wo das Gefälle abnimmt, ist der Dammgraben wieder mit Steinen eingefasst.

Ein Forstweg wird überquert und der Hexenstieg führt weiter durch den Wald. Erneutes Rauschen kündigt die „**Wiege des Dammgrabens**" an, einen Zusammenfluss von Strömen aus dem Brocken-, Sieber- und Odergebiet ➐ (km 16,2). Durch den breiteren Graben wird das Wasser des nur 460 m langen Nabetaler Grabens steil von oben heruntergeführt. Aus einer gemauerten Öffnung im Berg kommt ein unterirdischer Wasserlauf heran. Schilder erläutern die Funktionen der Bauwerke.

Der einfache und über weite Strecken ebene Weg entlang des Dammgrabens endet hier und steigt hinter der „Wiege" an. Er kreuzt unmittelbar danach einen

Forstweg. 50 m weiter folgen Sie einem Weg nach rechts. Das ist der **Magdeburger Weg**. Ein ✎ Schild zeigt „3 km bis Torfhaus" an.

Nach ca. 300 m Anstieg stoßen Sie auf den **Nabetaler Graben** und folgen ihm. Eine kleine Hütte ist über dem Graben gebaut, danach folgt ein Wehr mit dem **Nabetaler Wasserfall**.

Der Hexenstieg folgt weiterhin gut beschildert dem Magdeburger Weg. Auf Waldboden und über Baumwurzeln geht es mal steiler, mal ebener, aber immer weiter bergauf.

Riesige Felsbrocken ragen an der sogenannten **„Steilen Wand"** aus dem Waldboden und der Weg wird steiniger. Links fällt der bewaldete Hang steil ins Tal ab, rechts schwingt er sich hoch hinauf zum Bruchberg. Hier kommt sich der Wanderer vor wie auf einem Alpensteig. Unterhalb eines Felsüberhangs hat man eine roh gezimmerte ⊼ Bank aufgestellt.

Gut 50 m vor (✋) der Bundesstraße (🚌) biegt der Hexenstieg links in Richtung Torfhaus ab (km 18,3). Hier kommt von rechts die **Variante über die Wolfswarte** heran.

Der Pfad überwindet die sumpfigen Gebiete im Birkenwald auf einem Knüppeldamm und stößt auf einen Forstweg. Gehen Sie nun kurz rechts und dann links über den großen Parkplatz bergan, dann entlang der L504.

Das große Gebäude auf der linken Seite vor dem Sendemast ist die 🏠 Jugendherberge Torfhaus.

Bald darauf mündet die L504 in die B4. Sie biegen links ab und sehen schon das touristische Zentrum von **Torfhaus**. Überqueren Sie die Straße auf die rechte Seite.

Das Zentrum mit dem Nationalpark-Besucherzentrum als Ziel der 2. Etappe ist bei Streckenkilometer 19,5 erreicht. Torfhaus ist das Sprungbrett zum Brocken und bekannt für seine 📷 **Brockensicht**. Der kleine Ort gehört zur Gemeinde Altenau und bietet ein paar 🛏 Übernachtungsmöglichkeiten und mehrere ✕ ♀ Café-Restaurants. Die Zeiten, wo es in Torfhaus ab 17:00 kein warmes Essen mehr gab, sind glücklicherweise vorbei.

Torfhaus   ℹ 🛏 🏠 ✕ ♀ 🪑 🏧 🚌 ⇧ 800 m, ✉ 38667 Altenau

Der kleine Ort Torfhaus ist kein richtiges Dorf. Er besteht vor allem aus Infrastruktur für Ausflügler und Reisende und ist das touristische Zentrum westlich des Brockens. Diverse Gaststätten verpflegen neben Wanderern auch Auto- und Bustouristen, Radfahrer, Motorradfreunde und im Winter Langläufer und Rodler. Die stündlichen 🚌 Busverbindungen nach Bad Harzburg und Braunlage sind vorbildlich.

Magdeburger Weg und Steile Wand: ein schmaler Pfad zieht sich den Hang hinauf

- **ℹ** Nationalpark-Besucherzentrum, Torfhaus 8, ☎ 053 20/33 17 90, ✉ post@torfhaus.info, 🖥 www.torfhaus.info, 📅 April-Oktober täglich 9:00-17:00, November-März Di-So 10:00-16:00
- ♦ Touristinformation Torfhaus, Alte Torfhaus Str. 1, im Gebäude mit dem Globetrotter-Store, ☎ 053 20/229 04 50, ✉ info@oberharz.de, 🖥 www.oberharz.de/orte/torfhaus/tourist-information-torfhaus, 📅 werktags 10:00-18:00, Sa 10:00-17:00, So 11:00-17:00
- 🛏 Torfhaus Harzresort, Torfhaus 2, ☎ 053 20/229 00, ✉ info@torfhaus-harzresort.de, 🖥 torfhaus-harzresort.de, DZ ab € 100, mehrere größere und kleinere Holzhäuser im Kanadastil.
- ♦ Schullandheim des Landkreises Hannover, Goetheweg 1, ☎ 053 20/216, 🖥 www.landheime.de, Preis auf Anfrage, wenn Platz ist, können auch kurzfristig Einzelwanderer oder kleine Gruppen aufgenommen werden.
- ♦ Wanderheim Torfhaus, Goetheweg 5, ☎ 01 76/24 98 36 62, ✉ reservierung@harzclub-hannover.de, 🖥 hannover.harzklub.de, 12 Zimmer mit 1-4 Betten, keine spontane Aufnahme, rechtzeitig vorher telefonieren! Preis auf Anfrage

🏠 Jugendherberge Torfhaus, Torfhaus 3, ☎ 053 20/242,
✉ torfhaus@jugendherberge.de,
💻 www.jugendherberge.de/jugendherbergen/torfhaus-318/portraet,
174 Betten, überwiegend 4- bis 6-Bettzimmer mit Waschgelegenheit, Du/WC auf den Etagen, 20 familiengerechte Zimmer, eine Voranmeldung ist erforderlich, Einzelübernachtung ab € 27

✕ 🍷 Bavaria-Alm, Torfhaus 10, ☎ 053 20/33 10 34, 💻 www.bavariaalm.de,
🕐 täglich 9:00-23:00, Fr, Sa bis 24:00 – alpenländische Systemgastronomie im Harz? Aber man sitzt schön drinnen und draußen auf der Terrasse und die Bedienung ist freundlich.

♦ Halali, Torfhaus 4, ☎ 053 20/229 03 30, ✉ info@torfhaus-harzresort.de,
💻 torfhaus-harzresort.de/restaurant-halali, 🕐 täglich 7:00-21:30, das Halali arbeitet als Café-Restaurant und Bar und gehört zum Harzresort, liegt aber außerhalb des Geländes. Die Speisekarte deckt von der Bratwurst über Vegetarisches bis zum feinen Wildgulasch alle Bedürfnisse ab.

> ⛺ 🛖 🛏️ Zelten, aber auch in der Hütte schlafen, können Sie bei The Cabin (☞ Variante 3.1, km 3,5). Dazu wandern Sie ein Stück auf der Variante 3.1 weiter nach Oderbrück. Wenn Sie am nächsten Tag zurück zur Hauptroute wollen, ziehen Sie 🥾) gut beschildert von Oderbrück Nord (!) durch den Bodebruch und über den Dreieckigen Pfahl zum Hexenstieg. Den erreichen Sie nach 3,6 km am Eckersprung (☞ 3. Etappe, km 4,8). ☺ Die ausgeschilderte Variante via Oderbrück ist auch landschaftlich zu empfehlen! Der Umweg beträgt 3,4 km.

🎒 Der Outdoorausrüster Globetrotter hat einen Laden in Torfhaus, der täglich geöffnet ist.

♦ Alte Torfhaus Str. 1, ☎ 053 20/229 04 22, ✉ shop@globetrotter-torfhaus.de,
💻 www.globetrotter.de/filialen/torfhaus, 🕐 werktags bis 18:00, Sa & So bis 17:00, falls Ihre Ausrüstung schon schlapp macht, können Sie hier nachkaufen.

[BANK] Ein Geldautomat mit SB-Service der Sparkasse befindet sich im Gebäude von Tourist-Info und Globetrotter, 🕐 das Gebäude schließt werktags um 18:00, Sa & So um 17:00.

Die an der B4 gelegene Siedlung Torfhaus ist mit 812 m die höchste des Harzes. Der Name stammt von den Torfstechern, die den Torf aus den nahen **Hochmooren** abbauten. Noch heute befinden sich in der Umgebung große

Hochmoore mit bis zu 6 m mächtigen Torfschichten. Der Hexenstieg führt später an einem solchen Moor entlang.

Zwei riesige **Antennenanlagen** bestimmen das Ortsbild, von denen eine vom NDR (243 m hoch) und die andere von der Deutschen Telekom (130 m hoch) betrieben wird. Auf einem 57 m hohen Stahlfachwerkturm waren bis zu Beginn der 1990er-Jahre Parabolantennen von 18 m Durchmesser installiert, mit denen eine sog. Überhorizontrichtfunkverbindung nach West-Berlin ermöglicht wurde.

Wenn es das Wetter erlaubt, haben Sie von Torfhaus einen sehr schönen **Ausblick auf den Brocken**, der gut 5 km Luftlinie entfernt liegt. Wegen der zahlreichen Restaurants sowie des großen 🅿 Parkplatzes ist Torfhaus als Ausgangs- und Endpunkt der Brockenbesteigung sehr beliebt.

3. Etappe: Torfhaus – Schierke (Ahrensklint)

➲ *16,1 km*, ⌛ *4 Std. 30 Min.*, ↑ *370 m*, ↓ *350 m*, ⇧ *800-1.142 m*

0,0 km	⇧ 800 m	Torfhaus (Nationalparkzentrum)
9,5 km	⇧ 1.142 m	Brocken (Gipfelfelsen)
13,5 km	⇧ 910 m	Brockenstraße, Abzweig Glashüttenweg
16,1 km	⇧ 820 m	Ahrensklint (bei Schierke), ⇨ Schierke

Heute erreichen Sie auf dem Höhepunkt – im wörtlichen Sinne – des Hexenstiegs. Durch das Brockenmoor und halb offene Landschaften wandern Sie dem Brockengipfel entgegen. Von den Fichtenforsten früherer Zeiten ist im Nationalpark nicht viel geblieben – außer hochaufragenden oder umgeworfenen silbrigen Stämmen, die der Landschaft ein mystisches Bild geben. Dazwischen wächst junger artenreicher Mischwald und strahlt die ganze Kraft und Vitalität der Natur aus.

Mit der Höhe werden die Bäume spärlicher und knorriger, bis Sie kurz vor dem Gipfel die Waldgrenze erreicht haben. Fantastische Aussichten begleiten den Weg, bis er vor Schierke wieder in den Wald eintaucht.

Heute finden Sie auf dem beliebten Weg besonders viele Schutzhütten und Rastplätze. Zwischendurch einkehren können Sie aber nur oben auf dem Brocken.

Gehen Sie vom Nationalparkzentrum auf der linken Seite der B4 in südlicher Richtung (🏷 „Braunlage"). An der nach links abzweigenden Asphaltstraße namens **Goetheweg** biegen Sie links ab in Richtung Brocken und passieren mehrere Häuser, u. a. ein Schulland- und ein Wanderheim.

☺ ✤ **Teilung Hexenstieg/Brockenumgehung**: Vielleicht möchten Sie den Brocken meiden oder einfach nur eine andere sehr schöne Route ausprobieren. Biegen Sie dazu vom Goetheweg gleich wieder rechts ab. Nach einer weiteren Abzweigung nach rechts überqueren Sie die B4 nach rechts und wandern gegenüber in den Forstweg ✎ „Märchenweg, Oderteich") hinein. Diese Route beschreibe ich als ☞ Brockenumgehung (Variante 3.1 & 3.2 über St. Andreasberg und Braunlage).

☺ ✤ Die Route über den **Märchenweg, Oderbrück und den Bodebruch** können Sie auch als Zustieg zum Brocken nutzen (Beschreibung ☞ Torfhaus, The Cabin). Belohnt werden Sie mit einer urwüchsigen halb offenen Landschaft, die zu den schönsten im Harz gehört. Der Umweg beträgt 3,4 km.

Am Ende der Häusergruppe biegt rechts der Hexenstieg (✎) in den Wanderweg **Goetheweg** ab. Das Schild **„Radauer Born Moor"** weist nach links auf einen Bohlenpfad hin, der sich durch einen Ausläufer des **Großen Torfhausmoores** ❶ (km 1,1) windet. Folgen Sie dem Pfad, der Blick über das Moor und auf den Brocken lohnt und es ist kein Umweg im Vergleich zum Goetheweg. Im Moor wurde 70 Jahre lang Torf gestochen, der als Brennstoff Verwendung fand und den zur Neige gehenden Holzbestand des Harzes ersetzen sollte. Der Abbau wurde aber 1767 wegen mangelnder Rentabilität wieder eingestellt. So erfreut sich der Naturliebhaber heute an der Landschaft des ältesten Harzer Sattelmoores mit einer Fläche von ca. 30 ha und einer Mächtigkeit von bis zu 6 m dick.

Der nur ca. 300 m lange Bohlensteg mündet später wieder in den Goetheweg/Hexenstieg. Kurz darauf ist der **Abbegraben** erreicht, an dem zwei Wehre den Wasserfluss regulieren. Im Gegensatz zu den meisten Gräben im Harz ist dieser mit Holzplanken eingefasst.

Goethes erste Harzreise
Der Dichter und Denker hielt sich insgesamt fünfmal im Harz auf. Während der Reisen zwischen 1777 und 1784 befasste er sich vornehmlich mit bergbaulichen und geologischen Fragen. Auf seiner ersten Reise im Dezember 1777 führten ihn berufliche Gründe in den Harz. Als Weimarer Bergwerkskommissar war er mit der Wiederaufnahme des Bergbaus in Thüringen betraut. Im Dezember 1777 bestieg er zusammen mit einem Torfhauser Förster den Brocken – soweit bekannt als Erster im Winter. Der Weg, den die beiden nahmen, ist heute als Goetheweg bekannt.

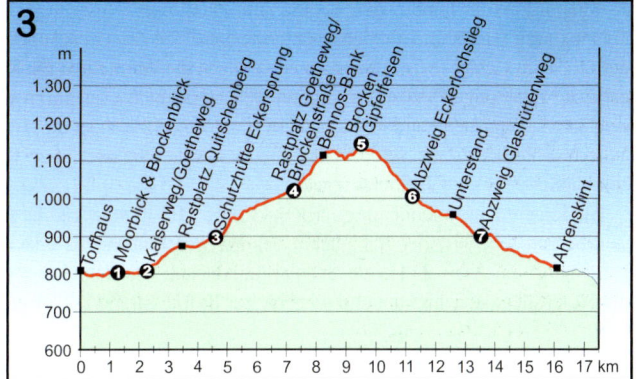

Der Hexenstieg verlässt den Graben und steigt leicht an und mündet dann in einen Forstweg.

2,2 km nach dem Start kommt der Kaiserweg (✎) von links heran ❷ und verläuft auf 350 m gemeinsam mit dem Hexenstieg nach rechts weiter. Der **Kaiserweg** zwischen Harzburg und Walkenried wurde bereits 1258 urkundlich erwähnt. Auf ihm soll Kaiser Heinrich IV. vor den Sachsen über den Harz zum Kloster Walkenried geflohen sein.

Der 800 Jahre alte Kaiserweg begleitet den Goetheweg ein Stück

350 m weiter biegen Sie an der Gabelung vom Kaiserweg nach links ab. Der Hexenstieg – bis zum Gipfel identisch mit dem Goetheweg – steigt nun bergan. Vor allem auf der linken Seite beginnt ein Gebiet, in dem das Waldsterben gewütet hat – kahle Baumstämme zeugen davon. Bei km 3,4 liegt eine ⌂ Schutzhütte.

Schautafeln am 882 m hohen **Quitschenberg** informieren über den Borkenkäfer, das Waldsterben und die natürliche Erneuerung des Waldes im Nationalpark. Der einstige Ebereschenbestand des Berges war dem Holzhunger der Bergwerke zum Opfer gefallen. Inzwischen nehmen die ersten natürlich ausgesamten Ebereschen (= Quitschen), Fichten und Ahorne wieder größeren Raum ein.

Der gut ausgebaute Forstweg verläuft jetzt relativ eben und zieht sich in den Wald hinein.

Nach weiteren 1,2 km steht auf einer großen Freifläche eine ⌂ Schutzhütte mit diversen Tischen und Bänken ❸. Keine 100 m nördlich entspringt die **Ecker**, die bei Vienenburg in die Oker mündet.

Knapp 200 m hinter der Schutzhütte stößt der Hexenstieg auf einen **Kolonnenweg** (km 4,8). Der Betonplattenweg war Teil der Grenzkontrollanlagen der DDR. Im Gebiet rechts unterhalb entspringen die **Warme und die Kalte Bode** nahe am Dreieckigen Pfahl. Sie streben weit auseinander, verspüren dann aber wohl doch Sehnsucht und vereinigen sich auf der 4. Etappe des Hexenstiegs hinter Königshütte zur Bode. Die vereinte Bode begleitet den Hexenstieg anschließend bis zum Ziel nach Thale.

Sie folgen dem Kolonnenweg nach links etwa 400 m aufwärts. Er steigt sehr steil bergan, oben ist der Bahndamm der 🚂 **Brockenbahn** zu erkennen (☞ Reise-Infos von A bis Z, Harzer Schmalspurbahnen). Am Bahndamm (🕆) biegt der Hexenstieg nach links um und führt bis zur Brockenstraße 2,2 km an ihm entlang.

☺ Hier wird Ihnen sicher eine **Dampflok** begegnen, die die Passagiere auf den Brocken hinaufbringt. Besonders die sich schnaufend und dampfend aus dem Schierker Tal heraufschleppenden Züge sind ein beliebtes Foto- und Filmmotiv. Bei der Bergabfahrt wirken die Dampfloks weit weniger angestrengt.

Die Brockenstraße, auf der Sie nach links weitergehen, kreuzt den Schienenstrang ❹ (🕆, km 7,3). Nach 200 m liegt rechts eine ⌂ Schutzhütte. Gleich danach gelangen Sie zur sehr scharfen **Knochenbrecherkurve**, auf der die

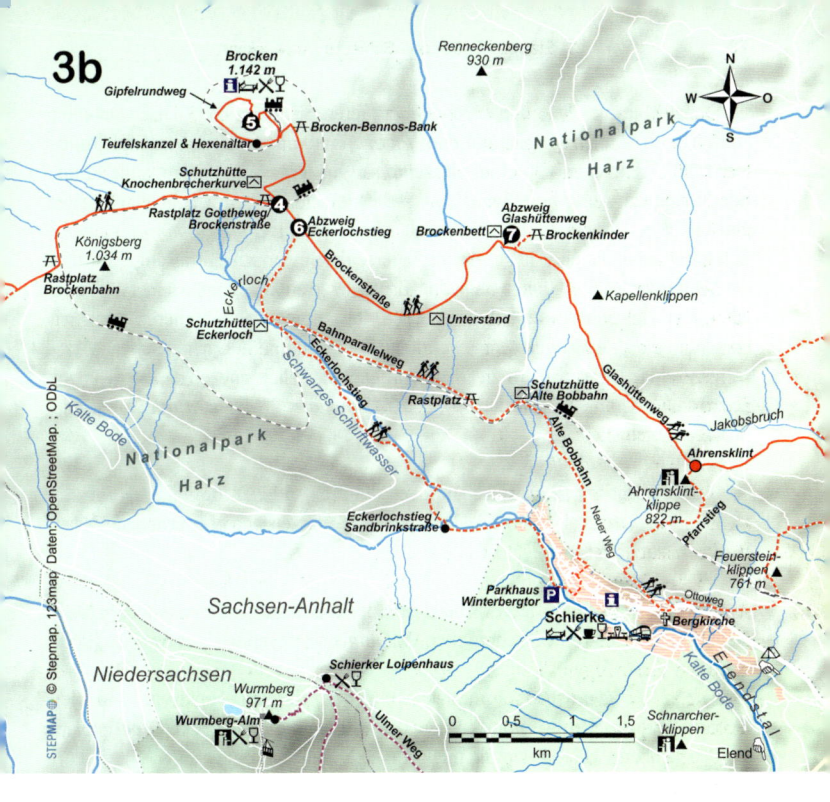

Brockenstraße nach rechts weiter ansteigt. Hier sind auf dem asphaltierten Untergrund neben Wanderern auch Radfahrer und Kinderwagen unterwegs.

Bei Streckenkilometer 8,2 erreichen Sie die Gedenktafel zur Öffnung der Brockenmauer 1989.

Hier hatten sich besonders passionierte Wanderer zu einer Demonstration zusammengefunden, um den freien **Zugang zum Brocken** zu erzwingen. Ein Schild informiert über das Geschehen.

An der selben Stelle steht eine Bank, die **Brocken-Benno** gewidmet ist. Dieser Rekordwanderer war einer der Wander-Demonstranten, die die Öffnung des Brockens erzwangen, und hat seitdem fast täglich den Brockenaufstieg bewältigt. Am Tag der Deutschen Einheit 2016 erreichte er den Gipfel zum 8.000sten Mal. 2018 erhielt er für sein Engagement den Verdienstorden des Landes Sachsen-Anhalt.

Steigen Sie hier links hinauf und überqueren Sie oben die Gleise. Dahinter links haltend können Sie sich auf dem schönen und aussichtsreichen **Gipfelrundweg** dem eigentlichen Gipfel im Uhrzeigersinn nähern. Der 2,5 km lange **Rundwanderweg** um den Gipfel wurde an Stelle der ehemaligen Mauer eingerichtet und bietet bei klarer Sicht eindrucksvolle Ausblicke ins Umland.

Hinter dem Bahnhof liegen rechts zuerst der historische Brockengarten und die **Wetterwarte**. Sie können sich den **Brockengarten** im Rahmen einer Führung anschauen. Er wurde ursprünglich 1890 als alpiner botanischer Garten zu Forschungszwecken angelegt, verwahrloste aber während der militärischen Besatzungszeit. Heute wird er wieder liebevoll gepflegt. Hier sind etwa 1.400 Pflanzenarten versammelt, darunter so seltene wie die Brockenanemone und das Brockenhabichtskraut.

> Brockengarten, ☎ 039 43/55 02 20 oder 01 70/5 70 90 15,
> 🖥 www.nationalpark-harz.de/de/natur-erleben/brockengarten, wechselnde Zeiten, telefonisch absprechen!

Links folgen bald die **Teufelskanzel** und der **Hexenaltar**, eine markante Felsformation, die in den Geschichten der Walpurgisnächte immer wieder eine Rolle spielt.

Folgen Sie dem Brockenrundweg um den riesigen Funkturm und den Gebäudekomplex herum. Von Norden her erreichen Sie dann den **Brockenplatz** am Brockenhaus. Hier finden Sie mehrere ✕ ♀ Einkehrmöglichkeiten und öffentliche Toiletten (WC). Hier liegt auch das 🛏 Brockenhotel.

Einige Meter weiter südlich ist der Brockengipfel ❺ durch einen mächtigen Felsblock markiert.

Brocken   🛏 ✕ ♀ ⌘ 🚂 ⇧ 1.142 m, 📧 38879 Schierke

🛈 ⌘ Nationalpark-Besucherzentrum Brockenhaus, ☎ 03 94 55/500 05,
✉ brockenhaus@t-online.de, 🖥 www.brockenhaus-harz.de, täglich 9:30-17:00, letzter Einlass 16:30, Eintritt € 6,00, im Brockenhaus gibt es eine kleine Cafeteria und eine sehr sehenswerte Ausstellung zu den Themen Natur und Geschichte des Brockens.

🛏✕♀ Hotel und Brockenherberge auf dem Brockenplateau, ☎ 03 94 55/120,
✉ info@brockenhotel.de, 🖥 www.brockenhotel.de, EZ ab € 80, DZ ab € 140, das Brockenhotel verfügt über 14 Zimmer und 36 Betten. Die Übernachtung auf dem höchsten Berg Norddeutschlands ist ein besonderes Erlebnis. Es geht im Brocken-

hotel aber – nach der Erfahrung einiger Gäste – eher um die spektakuläre Lage, als um den perfekten Service für den Gast. Besonders für die Wochenenden ist eine langfristige Reservierung zu empfehlen.

Auf dem Brocken finden Sie mehrere (Selbstbedienungs-)Restaurants, Cafeterias und Kioske. Bei schönem Wetter kann man zwischen Brockenhotel und Brockenhaus recht windgeschützt draußen einkehren. Falls man die Ausstellung im Brockenhaus besucht, empfiehlt sich die dortige Cafeteria, täglich 9:30-17:00

Der Gipfelrundweg am Brocken

Der Brocken ...
... ist mit 1.142 m Höhe der höchste Berg Norddeutschlands und mit etwa 2 Mio. Besuchern im Jahr das beliebteste Ausflugsziel im Harz. Das gesamte Gebiet um den Brocken herum ist zum **Nationalpark Harz** erklärt worden, der die ungestörte Entwicklung der Natur gewährleisten soll.

In den vergangenen Jahrhunderten entwickelte sich schon früh ein regelrechter **Brockentourismus**. Frühe Brockenwanderer waren u. a. Johann Wolfgang von Goethe, Heinrich Heine, der dänische Dichter Hans Christian Andersen, Otto von Bismarck (der auf dem Brocken seine Frau Johanna von Puttkamer kennenlernte) und viele andere berühmte Persönlichkeiten. Eine bescheidene touristische

Infrastruktur entwickelte sich langsam: 1736 entstand das erste Schutzhaus auf dem Gipfel, genannt „Wolkenhäuschen". Es folgte ein einfaches Gasthaus, das im Wesentlichen als Unterkunft für die Torfstecher diente, die in den umliegenden Hochmooren arbeiteten. Es nahm aber auch Wanderer auf. Um 1800 wurde der erste Aussichtsturm hinzugefügt. 1899 erreichte der erste Zug der Brockenbahn den Gipfel. 1936 wurde ein 52 m hoher Turm gebaut – der zum ersten Fernsehturm der Welt wurde.

Im **Zweiten Weltkrieg** wurden alle Gebäude mit Ausnahme des Turms zerstört. Zunächst besetzten die Amerikaner, die im April 1947 von den Russen abgelöst wurden, den Berg. Der Brocken wurde weiträumig militärisches Sperrgebiet, auf dem die Sowjetarmee und die Stasi eine riesige Spionageanlage errichteten, die weit in das bundesdeutsche Gebiet hineinhorchte.

Im Dezember 1989 demonstrierten etwa 2.000 mutige Wanderer für die Öffnung des festungsartig ausgebauten **Gipfelplateaus**. Seitdem ist der Brocken wieder frei zugänglich, die militärischen Anlagen wurden inzwischen abgerissen und nur die Ausstellungsräume im Brockenhaus erinnern an die Zeit des Kalten Krieges. Das damalige Stasi-Gebäude, scherzhaft die „Moschee" genannt, wurde zum Brockenhaus mit Museum, Schau- und Vortragsräumen umgestaltet.

Der alte Fernsehturm wurde zum Hotel mit Café und Aussichtsplattform umgebaut. Dort, wo einst die Kasernen der Sowjetarmee standen, befindet sich heute der mit Richtungstafeln und einem markanten Felsblock neu angelegte höchste Punkt des Brockens.

Auf dem Gipfel des Brockens herrscht oft ein raues alpines **Klima** – vergleichbar etwa mit dem in Island. Immer wieder melden die Wetterfrösche starke Winde mit Geschwindigkeiten bis über 200 km pro Stunde. Der Harz ragt wie der Bug eines Dampfers in die norddeutsche Tiefebene hinein und der Brocken ist sein höchster Punkt. Wenig verwunderlich ist es daher, dass sich die Baumgrenze unterhalb des Gipfels befindet.

Trotzdem gibt es auch viele klare, windstille und sonnige Tage auf dem Brocken. Dann nutzen viele Wanderer die Gelegenheit zum Aufstieg. Die Sicht ins Tiefland ist fantastisch. An solchen Tagen sehen Sie z. B. den Inselsberg im Thüringer Wald, die Wasserkuppe in der Rhön sowie Magdeburg, die Landeshauptstadt Sachsen-Anhalts.

Besonders an schönen Wintertagen bietet die verschneite Landschaft unzählige Fotomotive. Die verschneiten Fichten im Baumgrenzbereich sehen dann aus wie weiße Fabelwesen. Bis zu 4 m Schneehöhe wurde schon gemessen.

☺   Auch wenn es im Tal warm und sonnig ist, sollten Sie unbedingt mindestens eine Windjacke mitnehmen. Wind und Kälte sind auf dem Berg nicht zu unterschätzen!

Häufig wechselt das Wetter innerhalb kurzer Zeit. Wenn sich zur Zeit des Sonnenuntergangs eine dicke Nebelwand im Osten befindet, können Sie darin vielleicht das „Brockengespenst" sehen (die Erklärung: Die Gespenster sind Schatten von Gebäuden und Menschen in der untergehenden Sonne).

Falls Sie bei Ihrem Brockenbesuch schlechtes Wetter haben sollten, trösten Sie sich damit, dass es auch vielen berühmten Persönlichkeiten ähnlich ergangen ist. So ist z. B. von Heinrich Heine überliefert, dass er den Brocken nur in Nebel gehüllt erlebte und auch die Übernachtung in der Brockenherberge in schlechter Erinnerung gehabt haben muss. Denn zur Abreise hat er diesen Spruch ins Gästebuch des Hauses geschrieben:

„Große Steine, müde Beine,
saure Weine, Aussicht keine.
Heinrich Heine"

Egal, ob Sie den Gipfelrundweg noch vollenden oder, wie hier vorgeschlagen, über den Gipfelfelsen wandern und das Brockenplateau am Bahnhofsgebäude entlang verlassen, Sie kommen wieder an Bennos Bank und dem vom Hinweg bekannten Schild zur Brockenöffnung an.

Der Hexenstieg führt vom Brocken wieder auf demselben Weg über die **Brockenstraße** hinab. Nun haben Sie 3,5 km Asphalt unter den Füßen. Dafür können Sie die Blicke schweifen lassen, ohne allzu viel auf den Weg zu achten.

Sie passieren den bekannten Abzweig des Goetheweges und kreuzen die Bahntrasse. 250 m weiter zweigt vom Hexenstieg nach rechts unten der Pfad durch das **Eckerloch** nach Schierke ab (✎ „Eckerlochstieg") ❻ (km 11,2).

↯   Für den **Abstieg nach Schierke** sind der Eckerlochstieg (➲ 6 km), aber auch die von diesem abzweigende Route über den Bahnparallelweg und die Alte Bobbahn (➲ 4,9 km) eine gute Empfehlung. Beide Routen sind sehr schön, der Eckerlochstieg uriger und naturnäher, der „Bahn-Bob-Weg" bequemer. Sie sparen sich dadurch einen großen Teil der Brockenstraße.

Der ✎ Eckerlochstieg führt als Pfad hinab zur ⌂ Schutzhütte **Eckerloch**. Gefällt Ihnen der abenteuerliche Abstieg über die Felsblöcke, so folgen Sie weiter dem Eckerlochstieg. Haben Sie's gern komfortabler, biegen Sie an der

⌂ Schutzhütte links auf den Bahnparallelweg und später auf die Alte Bobbahn ab. Beide Routen führen Sie ✎ gut beschildert nach Schierke.

Stürme und Borkenkäfer beseitigen im Nationalpark den Rest der Fichtenmonokulturen

Die Brockenstraße führt Sie durch Granitfelsen und mittlerweile lichten **Fichtenwald**. Hier haben der saure Regen und der Borkenkäfer ganze Arbeit geleistet. Eindrucksvoll ragen silberne Baumgerippe aus der sich neu entwickelnden Vegetation hervor.

Nach rechts schauen Sie auf den 🏨 **Wurmberg**. Er ist der höchste Gipfel Niedersachsens und an seiner touristischen Infrastruktur im Gipfelbereich leicht zu identifizieren. Hier liegt das Zentrum des Abfahrtskilaufes im Harz. Sehr markant ist auch die Landepiste der mittlerweile stillgelegten Sprungschanze (☞ Braunlage).

Am Weg steht bei km 12,6 eine Infotafel, die über Borkenkäfer aufklärt. Daneben finden Sie zwei ⊥ Bänke und einen ⌂ Unterstand mit WC. 1 km weiter, wo die Brockenstraße am sog. **„Brockenbett"** die 900-m-Höhenlinie trifft, beschreibt die Straße eine scharfe Rechtskurve. Hier befindet sich eine ⌂ Schutzhütte mit WC ❼ (km 13,5). Der Hexenstieg ✎ „Drei Annen Hohne") zweigt hinter der Hütte auf den **Glashüttenweg** links ab.

Über die nächsten ca. 2,5 km folgen Sie dem geschotterten Wanderweg durch mit anderen Bäumen durchsetzten Fichtenwald. Immer mal wieder öffnen sich Blickschneisen. Sie ignorieren alle Abzweige ...

3. Etappe: Torfhaus – Schierke (Ahrensklint)

🥾 ☺ ... es sei denn, Sie folgen dem empfehlenswerten Abstecher zu den **Brockenkindern**. Keine 100 m nach der Brockenstraße biegt links vom Glashüttenweg ein Weg ab, der an der alten Skihütte vorbei nach knapp 200 m eine Felsformation erreicht. Dies ist ein wunderschöner Picknickplatz und in den Felsen können Sie nach der Mahlzeit eine kleine Verdauungskraxelei einlegen.

Im weiteren Verlauf des Glashüttenweges wird bei den **Kapellenklippen** ein Gebiet durchquert, das mit Findlingen übersät ist. Rechts des Weges führt ein Schild zur Klippe Ahrensklint. 100 m weiter finden Sie eine Bank und einen weiteren Abzweig zur 🔍 Ahrensklint. Hier liegt nach 16,1 km das Ende der 3. Etappe.

🥾 ☺ Die **Ahrensklint-Klippe**, etwa 150 m rechts abseits des Hexenstiegs, ist ein einzelner Granitfelsen, der Verwitterung und Abtragung widerstanden hat. Der Pfad führt Sie vom Glashüttenweg zu einer Kreuzung mit einer Stempelstelle der Harzer Wandernadel. Beim Blick nach Süden in eine Lichtung erblicken Sie den Felsen. Die Klippe kann mittels einer Eisenleiter erklommen werden. Belohnt werden Sie dann mit einer schönen 📷 Aussicht auf das Tal mit Schierke.

☺ Wenn Schierke in Ihrer Übernachtungsplanung nicht vorkommt, können Sie auf dem Hexenstieg gut 4,5 km weiter zum Bahnhof **Drei Annen Hohne** gehen (☞ Beschreibung 4. Etappe). Hier befindet sich ein 🛏 ✖ ℗ Hotel mit Restaurant. Alternativ können Sie von dort mit einem 🚂 Zug der HSB (Harzer Schmalspurbahnen) oder mit dem 🚌 Bus hinunter nach Wernigerode fahren und dort übernachten.

🥾 **Abstieg nach Schierke**:
Von Ahrensklint können Sie über den Pfarrstieg (🔍 „30F") nach Schierke absteigen. Wurzelreich und felsig zieht sich der schöne Pfad steil nach Schierke hinab und ist nicht zu verfehlen.

Nach 300 m zweigt links eine Schotterfahrspur ab, über die Sie den 🚂 Bahnhof Schierke in gut 1 km erreichen können.

Der Pfarrstieg (🔍 „30F") führt weiter hinab und kreuzt einen Schotterweg und die Bahntrasse. Er durchläuft eine offene Fläche, die auf den Sturm Friederike (2018) zurückgeht. Der Wurmberg ist auf der gegenüberliegenden Talseite gut zu erkennen. Der Pfarrstieg endet an einer Schotterstraße, der Sie nach links ins nahe Schierke folgen. Der lang gestreckte Ort wird an Bergkirche und Friedhof (Hagenstr., Ecke Ottoweg) erreicht. Ins Zentrum gelangen Sie, indem Sie rechts der Hagenstraße (im weiteren Verlauf Brockenstraße) folgen.

Schierke

⇧ 630 m, 800 Ew., ✉ 38879

- **ℹ** Touristinformation Schierke, Brockenstraße 10, ☎ 03 94 55/86 80,
  ✉ info@schierke-am-brocken.de, 🖥 www.schierke-am-brocken.de,
  🕘 täglich 9:00-18:00

- 🛏✕☕ Schierke Harzresort, Alte Dorfstr. 1, ☎ 03 94 55/82 55 50,
  🖥 schierke-harzresort.de, es handelt sich hier um eine moderne Ferienhausanlage im gehobenen Preissegment. Die Kosten für die unterschiedlichen Wohnungen erfahren Sie über die Webseite oder am Telefon.

- ♦ Hotel Brockenscheideck, Brockenstraße 49, ☎ 03 94 55/268,
  ✉ info@hotel.brockenscheideck, 🖥 www.harz-hotel-brockenscheideck.de, EZ ab € 55, DZ ab € 80, das Haus liegt im oberen Teil Schierkes günstig zum Hexenstieg und zum Brocken und ist als typische Harzer Holzvilla schon eine Sehenswürdigkeit für sich.

- ♦ Zum Brockenstübchen, Brockenstr. 39, ☎ 03 94 55/252,
  ✉ info@brockenstuebchen.de, 🖥 www.brockenstuebchen.de, DZ ab € 77, das Haus liegt im oberen, nordwestlichen Teil des Ortes, günstig zum Brocken.

- 🛏 Das früher selbständige Hotel Bodeblick gehört jetzt zum Schierke Harzresort (s. o.) und nennt sich dort Villa Bodeblick.

- ♦ Schierker Waldperle, Barenberg 7, 📱 015 17/014 98 08,
  🖥 www.schierker-waldperle.de, DZ ab € 80

- ♦ Pension Zum Hexenstieg, Hermann-Löns-Weg 2, ☎ 03 94 55/589 53,
  ✉ info@pension-zum-hexenstieg.de, 🖥 www.pension-zum-hexenstieg.de, EZ ab € 30, DZ ab € 56, die Pension liegt im oberen Teil des Ortes günstig zum Hexenstieg.

- ♦ Regiohotel am Brocken, Hermann-Löns-Weg 1, ☎ 053 22/95 00,
  🖥 regiohotel.de/hotel/am-brocken-schierke, DZ ab € 55, das Haus liegt neben der Pension Zum Hexenstieg.

- ⛺ Campingplatz Schierker Stern, Am Stern 1, ☎ 03 94 55/588 17,
  🖥 www.harz-camping.com, Preis für 2 Personen mit Zelt ca. € 17, der Platz liegt etwa 1 km südöstlich unterhalb des Bahnhofs am Waldrand. Am Besten folgen Sie vom Zentrum der Hagenstraße ortsauswärts.

- ☺ Weitere Übernachtungsmöglichkeiten erfahren Sie bei der 👉 Tourist-Info.

- 🚗 Brocken-Taxi Schierke, Hagenstraße 1, 📱 01 70/900 09 37, 🖥 brocken-taxi.de, es gibt auch Kleinbusse im Angebot.

Der am Fuße des Brockens gelegene kleine Ort Schierke ist ein beliebter Erholungsort. Er liegt im engen Tal des Flüsschens Kalte Bode und ist von dichten

Wäldern umgeben. Die Brockenbahn hält hier zum letzten Mal vor dem Gipfelbahnhof. Außerdem führt von Schierke die asphaltierte Brockenstraße (für private Kfz gesperrt) und der beliebte Eckerlochstieg hinauf. Damit ist Schierke einer der wichtigsten Ausgangspunkte für Brockentouristen. In der Nacht zum 1. Mai kommen in Schierke alljährlich Tausende Hexen, Teufel, Zauberer und andere Wesen zusammen, um die **Walpurgisnacht** zu feiern.

Eine weitbekannte Spirituosenspezialität wurde in den 1920er-Jahren vom Apotheker Willy Drube zum Patent angemeldet und nach einem Geheimrezept fabriziert. Der **Schierker Feuerstein** ist ein 35 %iger Magen-Halbbitter, benannt nach dem markanten Granitfelsen bei Schierke. Die rot-weißen Werbeschilder sind überall im Harz gegenwärtig.

Die **Schnarcherklippen** sind ein bedeutendes Naturdenkmal etwa 1 km südlich von Schierke in 670 m Höhe. Die beiden etwa 20 m voneinander entfernt stehenden und etwa 25 m hohen Felsentürme gehören zum Brockengranitstock. Der eine Felsen ist nur von Bergsteigern zu bezwingen, auf den anderen führen steile Eisenleitern hinauf. Von oben haben Sie eine herrliche Aussicht auf die Umgebung von Schierke und weiter entfernt auf den Brocken.

Spurwechsel oder zurück nach Torfhaus: Von Schierke bietet sich die Möglichkeit, weiter durch das schöne Bodetal nach Elend abzusteigen und von dort auf der später beschriebenen Brockenumgehung weiterzulaufen (☞ Variante 3.2) – oder über Braunlage nach Torfhaus zurückzuwandern (☞ Variante 3.1 und Anfang der Variante 3.2).

Variante 3.1: Brockenumgehung: Torfhaus – Braunlage (Wurmbergbahn)

➲ *22,1 km*, ⏳ *5 Std. 30 Min.*, ↑ *300 m*, ↓ *510 m*, ⇧ *800-490 m*

0,0 km	⇧ 800 m	Torfhaus (Nationalparkzentrum)
5,1 km	⇧ 730 m	Oderteich (Staumauer)
13,7 km	⇧ 690 m	St. Andreasberg (Hochbehälter)
16,0 km	⇧ 500 m	Waldgasthaus Rinderstall
22,1 km	⇧ 590 m	Braunlage (Wurmbergbahn)

3.1a

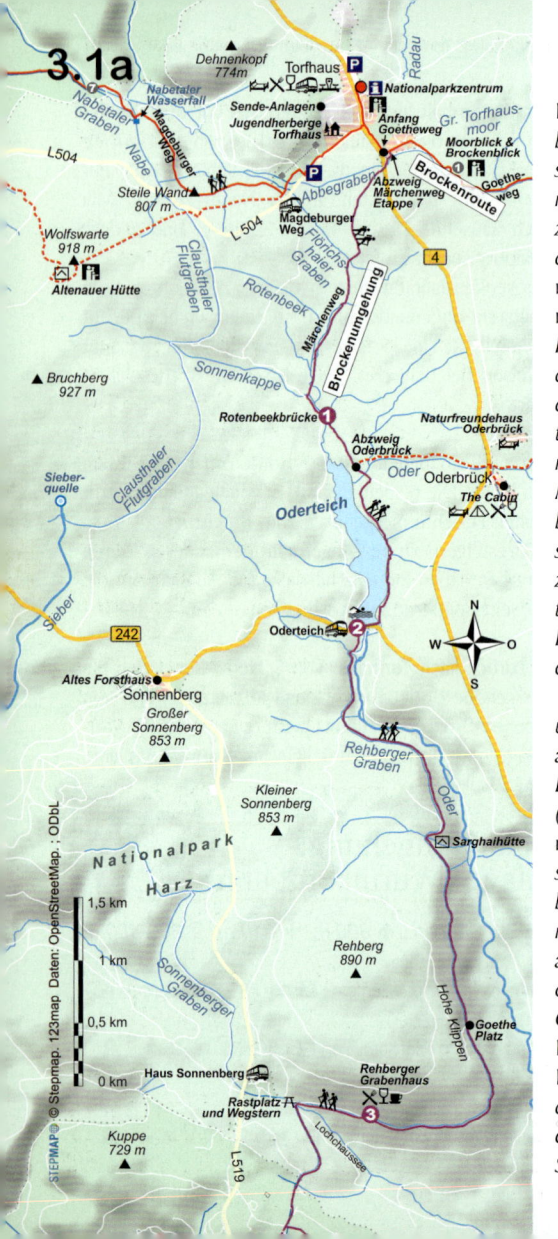

Wer den Brocken meidet, braucht auf tolle Landschaft und schöne Einkehrmöglichkeiten nicht zu verzichten. Highlights sind der romantische Märchenweg, der sich durch die wilden Bruchflächen am Fuß des Brockens windet, dann der harmonisch in die Landschaft eingebettete Oderteich oder der kleinere mystische Silberteich. Mit dem Rehberger Grabenhaus und dem Rinderstall liegen an der Route zwei der traditionsreichsten Waldgasthäuser des Harzes; beide sind sehr empfehlenswert!

Diese Route bietet sich u. a. an, wenn das Wetter auf dem Brocken für eine Begehung zu schlecht ist (Regen, Schnee, Sturm), wenn man die Brockenaufstiege schon kennt und lieber neue Routen probieren möchte ... oder wenn man am Wochenende die Besuchermassen des höchsten Gipfels meiden möchte. Wie die Hauptroute ist der Weg gut markiert, allerdings zeigt die weiße Hexe ein grünes B auf ihrer Schürze.

Wandern Sie auf dem Fußweg links der B4 Richtung Braunlage. In den Goetheweg gehen Sie dann links hinein, aber nach 30 m gleich wieder rechts auf den Pfad und nach weiteren 40 m noch einmal rechts. Der Fußweg bringt Sie erneut zur B4, die Sie kreuzen.

Auf der westlichen Straßenseite führt der ✎ **Märchenweg** in den Wald. Bis zum Wiedererreichen der Hauptroute auf der Variante 3.2 folgen Sie nun der ✎ Hexe mit dem B.

Der Fahrweg ist zunächst mit Steinen und Schotter befestigt. Er geht dann über in einen rustikalen Pfad, der sehr abwechslungsreich durch lichte **Wald- und Moorgebiete** führt. Matschige Wegstücke werden auf dicken Planken passiert, kleine Holzbrücken überwinden murmelnde Wasserläufe. Licht und Schatten wechseln ständig und geben der Landschaft eine enorme Tiefe. So erreichen Sie eine erste Abzweigung.

Von rechts kommen bei km 2,8 ein Weg und ein Bach namens Sonnenkappe heran, Sie aber halten sich halb links. 250 m weiter überqueren Sie nach halb links die **Rotenbeekbrücke** ❶ (km 3,0). Hier lässt es sich schön am Bach rasten.

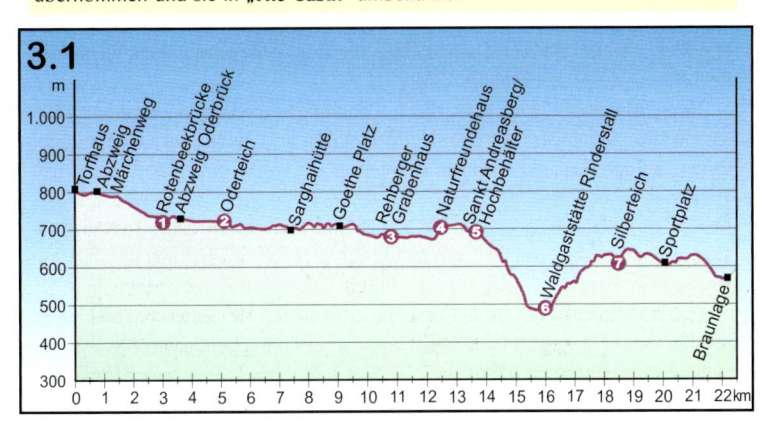

> ✍ 500 m weiter biegt links ein Weg nach **Oderbrück** ab. Dort liegt 1,5 km vom Hexenstieg entfernt ein 🛏 ⛺ Hostel, das von einer sympathischen jungen Crew betrieben wird. Die Gastgeber haben die ehemalige Hütte am Achtermann übernommen und sie in „**The Cabin**" umbenannt.

> ⛺ 🏠 ✕ 🍴 The Cabin – Hostel, Oderbrück-Süd 9, 37444 St. Andreasberg,
> ☎ 015 22/956 69 67, ✉ info@the-cabin.de, 🖥 the-cabin.de, Übernachtung in EZ, DZ oder Gruppenzimmern ab € 30 p. P., auch Camping ist möglich.
>
> Des Weiteren gibt es im nördlichen Teil Oderbrücks noch ein Naturfreundehaus:
>
> ⛺ Naturfreundehaus Best Hostel Oderbrück, Oderbrück-Nord 4, 37444 St. Andreasberg, ☎ 05 31/280 87 10, ✉ naturfreundeladen@web.de, 🖥 www.besthostel.de, Übernachtung ab € 20

Wenn Sie an der Linksabzweigung nach Oderbrück Ihren Blick nach rechts wenden, können Sie unten durch die Bäume hindurch schon das Wasser des Oderteichs schimmern sehen.

Der Hexenstieg führt zunächst oberhalb des Sees gut ausgebaut weiter, bis er schließlich zum Pfad wird und direkt am **See** als Bohlenweg ausgebaut ist, der Feuchtstellen überquert und so Natur und Schuhe schützen soll. Mehrere 🪑 Bänke entlang dieses elegant geschwungenen Weges bieten Erholung und schöne Blicke.

Der historische **Oderteich** war im 18. Jahrhundert eine architektonische Meisterleistung und bis zum Ende des 19. Jahrhunderts der größte Stausee Deutschlands. Der 166 m lange und 19 m hohe Staudamm besteht auf der Wasserseite aus riesigen Granitblöcken, die teils mit Eisenklammern verbunden sind. Die Fugen wurden mit einer wasserdichten Erdschicht und mit Blei abgedichtet. Die kleine Hütte auf der Dammkrone, das sog. Striegelhäuschen, dient der Regulierung des Wasserstandes.

Heute ist der Oderteich ein idyllischer Badesee, seine Ufer laden zum Verweilen ein. Die Steinpfeiler vor dem Überlauf sollen im Winter Eisschollen zurückhalten, die den Kanal beschädigen könnten.

🏊 Die offizielle Badezone mit Sandstrand und ohne weitere Infrastruktur liegt gegenüber.

Die **Staumauer** ist bei km 5,1 erreicht. Überqueren Sie den Damm und begeben Sie sich nach dessen Ende (🚌) links auf einen treppenartigen Abstieg (✏ „Rehberger Grabenhaus") ❷ (km 5,2). Nun geht es den 20 m hohen Hang hinunter zum sog. Striegelauslauf. Dort beginnt der 1717 überwiegend aus Granit-

Oderteich: Die Säulen vor dem Auslauf sollen im Winter Eisschollen zurückhalten

steinen erbaute **Rehberger Graben**. Nach gut 7 km mündet er in den Oberen Geseher Wasserlauf, einen unterirdischen Graben von 450 m Länge, der St. Andreasberg versorgt (☞ km 12,3 dieser Wanderung).

Die befestigte und fast ebene Route des Hexenstiegs begleitet das Wasser des Rehberger Grabens, das rechts neben Ihnen gluckert. Der Graben ist hier mit Granitblöcken bzw. -platten abgedeckt, um ihn im Winter in Betrieb halten zu können. Oberhalb kommen immer wieder Felsen ins Bild und auch auf der gegenüberliegenden Talseite ragen Felsbastionen aus dem Wald. Tief unten im Tal schlängelt sich die **Oder**.

Hin und wieder weisen Schilder auf das System der historischen Harzer Wasserwirtschaft hin – so werden Begriffe wie „Wollsackverwitterung" oder „Drecksumpf" erläutert. Und es gibt Hinweise auf Johann Wolfgang von Goethe als berühmten Besucher, der hier geologischen Phänomenen auf der Spur war. Der anfangs dichtere Wald wird immer lichter, Nadel- und Laubbäume wechseln sich ab.

Am Weg liegt bei km 7,4 die ⌂ Sarghai-Schutzhütte mit ⊼ Tisch und Bänken. 100 m weiter quert ein Bach Weg und Graben. Bei km 9,1 liegt rechts eine eindrucksvolle Felsformation mit „Hohen Klippen" (die auch so heißen) – dies ist

3.1b

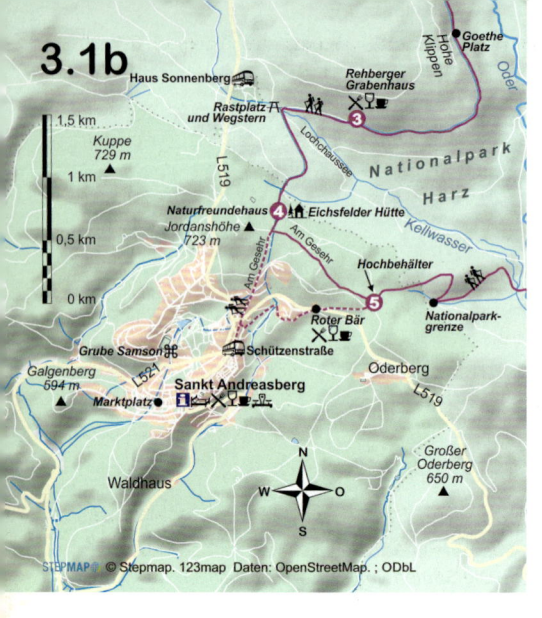

der sog. **Goetheplatz**. Bald darauf erreichen Sie das einladende Rehberger Grabenhaus ❸ (km 10,8).

Das Wasser des Oderteichs trieb über den Rehberger Graben die Pumpen und Förderräder der Gruben von St. Andreasberg an. Als Stützpunkt für die Pflege- und Instandhaltungskräfte des Grabens wurde 1772 das Rehberger Grabenhaus erbaut. 1811 kam der König von Westfalen (ein Bruder Napoleons) hier entlang. Extra für ihn wurde ein Festsaal angebaut. Für nicht zu sensible Gemüter ist die Ausstellung von verschiedenen **Geweihen** von Rotwild bis Hirsch interessant. Seit dem 20. Jahrhundert wird das Grabenhaus als Waldgaststätte betrieben und ist heute Teil des Kulturdenkmals Oberharzer Wasserregal.

Das ✕ ♀ ☕ Rehberger Grabenhaus bietet gutbürgerliche Küche mit vielen Wildgerichten sowie leckere Kuchen. Draußen können Sie an einem überdachten Tisch auch Selbstmitgebrachtes verzehren. Es wäre aber sicher angemessen, dann die Getränke beim Wirt zu bestellen.

✕ ♀ ☕ Rehberger Grabenhaus, Rehberger Grabenhaus 1, 37444 St. Andreasberg, ☎ 055 82/789, 🖥 www.rehberger-grabenhaus.de, 🕙 Di-So 9:00-18:00, Mo Ruhetag, außer an Feiertagen

Ab dem Grabenhaus ist die Waldstraße asphaltiert, aber für den Kraftverkehr gesperrt. Etwa 700 m hinter der Gaststätte kommen Sie an einen Wegstern.

Der **Sonnenberger Graben** mündet hier in den Rehberger Graben. An dieser Stelle (km 11,5) biegen Sie links auf den eben verlaufenden Weg ab, der weiter am Rehberger Graben entlangführt (🗺 „St. Andreasberg").

Nicht scharf links die Lochchaussee hinabgehen, obwohl diese Sie auch zum Rinderstall bringen würde – aber auf einer weniger attraktiven Abkürzung.

Nach nur 100 m wird eine **Pegelanlage** erreicht, mit der der Wasserstand automatisch gemessen und registriert wird. Heute verwandeln sechs kleine Kraftwerke in St. Andreasberg die Wasserkraft in Elektrizität. Ab hier verläuft der Graben weitgehend abgedeckt. 200 m weiter verschwindet er in den unterirdischen **Gesehrer Wasserlauf**, der 450 m durch den Berg hindurch nach St. Andreasberg führt.

Der Hexenstieg steigt nun 40 hm steil bergan („St. Andreasberg") auf die 723 m hohe **Jordanshöhe** (km 12,5) und mündet in die Straße Am Gesehr. Rechts und links liegen die Eichsfelder Hütte (Jugend- und Landschulheim) sowie das Naturfreundehaus ❹.

 Eichsfelder Hütte & Naturfreundehaus St. Andreasberg, Jordanshöhe, Am Gesehr 37, 37444 St. Andreasberg, ☎ 05 31/280 87 10, naturfreundeladen@web.de, www.besthostel.de, Übernachtung ab € 20 p. P.

Sie stoßen auf eine Asphaltstraße, der Sie ca. 200 m folgen. Hinter dem Haus der Turngemeinde Northeim (km 12,6) biegen Sie links ab in einen Schotterweg, der weiter über eine Naturwiese und später in den Wald führt.

Geradeaus, die Verlängerung der Straße Am Gesehr, quert die L519 und führt über Fußwege auf die Schützenstraße, in der Sie einen großen Supermarkt und die Bushaltestelle „Schützenstraße" finden. Das Zentrum St. Andreasbergs liegt etwa 1,5 km vom Hexenstieg entfernt.

St. Andreasberg

⇧ 580 m, 1.900 Ew., 37444

 Touristinformation, Am Kurpark 9, ☎ 055 82/80 33,
  info@sankt-andreasberg.de, www.sankt-andreasberg.de,
  wochentags 9:00-17:00, Sa 9:00-13:00

 Berghotel Sankt Andreasberg, Am Gesehr 12, ☎ 055 82/94 70,
  berghotel-sankt-andreasberg.de, EZ ab € 51, DZ ab € 79, das Hotel liegt nahe am Hexenstieg mit tollen Ausblicken über die Umgebung.

♦ Hotel Rehberg, Clausthaler Straße 4, ☎ 055 82/10 09, info@rehberg-hotel.de,
  www.rehberg-hotel.de, DZ ab € 80, das Hotel liegt günstig zwischen Hexenstieg und Ortszentrum.

- 🛏✖ Berghotel Glockenberg, Am Glockenberg 18, ☎ 055 82/219, ✉ info@hotel-glockenberg.de, 💻 www.hotel-glockenberg.de, EZ ab € 42, DZ ab € 72, das Hotel liegt am südlichen Ende von St. Andreasberg und damit etwas abseits vom Hexenstieg.
- 🛏 Hotel-Pension Jagdhütte, Am Gesehr 5, ☎ 055 82/668, 💻 www.jagdhuette.harz.de, EZ ab € 30, DZ ab € 60, die Pension liegt ebenfalls zwischen Hexenstieg und Ortszentrum.
- 🏠 Eichsfelder Hütte und Naturfreundehaus St. Andreasberg ☞ Jordanshöhe (km 12,5)
- ☺ Sie finden diverse Pensionen in St. Andreasberg und weitere Hotels. Hinweise dazu geben die ☞ Tourist-Info oder die gängigen Buchungsportale im Internet. Eine Zusammenfassung und Bewertung der Portale finden Sie unter 💻 uebernachten.trekkingguide.de.
- ✖♀ In St. Andreasberg gibt es unterschiedlichste Einkehrmöglichkeiten. Etwas Besonderes ist „Die kleine Kapelle". In einer ehemaligen Kirche ist heute eine Gaststätte untergebracht, Herrenstraße 12, ☎ 055 82/764 99 11, 💻 www.die-kleine-kapelle.de, 🕐 Fr 17:00-22:00, Sa & So 12:00-22:00.

Heute Gaststätte: Die Kleine Kapelle in Sankt Andreasberg

1487 wurde in der Gegend um St. Andreasberg bereits in kleinem Rahmen nach Erz geschürft. Als 1520 **Silber** gefunden wurde, erließen die Grafen für ihr Territorium 1521 eine **„Bergfreiheit"** nach sächsischem Vorbild. Diese Verordnung räumte allen Bergleuten besondere Vergünstigungen ein. Es war in Zeiten der Abhängigkeit und Leibeigenschaft ein großes Privileg, „frei auf dem Berg zu sein" und dem Stand der Bergleute anzugehören.

Wie ein Lauffeuer sprach sich die Nachricht von bedeutenden Silberfunden im Harz in deutschen Landen herum. Was sich am Sankt Andreasberge dann abspielte, war mit dem **Goldrausch** am Klondike vergleichbar. Nicht nur aufrechte Bergleute, sondern auch allerlei Gesindel versuchten, ihr schnelles Glück zu machen. Der lange Arm des Gesetzes reichte noch nicht bis hinauf in die Berge. Es herrschte das Recht des Stärkeren, das auch mit Faust und Waffe durchgesetzt wurde.

Leben und Arbeit gerieten 1528 mit der Einführung der **Bergordnung** in etwas ruhigere Bahnen. Sie regelte den Betrieb der Gruben und ein Bergamt fungierte als strenge Aufsichtsbehörde. Gleichzeitig wurden feste Behausungen für die Bergarbeiterfamilien gebaut, die rasch zu einer größeren Siedlung zusammenwuchsen.

Ganze Grubenbelegschaften mit eigenen Steigern kamen aus verschiedenen Orten des Erzgebirges in den Harz und brachten ihre Kultur und obersächsische Sprache mit. Der Schutzpatron der Mansfelder Bergleute aus dem heutigen Sachsen-Anhalt, der heilige Andreas, war der **Namensgeber** für St. Andreasberg, das 1537 die Stadtrechte erhielt. Die Stadt hatte damals bereits 300 Häuser und es wurden 116 Gruben betrieben. Im Gegensatz zu den durch ihre Mauern eingeengten Städten des Mittelalters war St. Andreasberg eine vergleichsweise moderne und geplante Stadt mit parallel verlaufenden Straßen. Um 1570, als der Silberbergbau zum ersten Mal boomte, hatte die Stadt bereits über 7.000 Einwohner – das waren fast viermal so viele wie heute.

⌘ Zu den bedeutendsten Montandenkmälern Europas gehört die ehemalige **Silbererzgrube Samson**. Der Besuch ist hochinteressant, erlebnisreich und unbedingt empfehlenswert!

Der direkt auf dem Erzgang niedergebrachte Schacht reicht bis in eine Tiefe von 810 m und liegt damit mehr als 200 m unter dem Meeresspiegel. Die aus dem späten 18. und frühen 19. Jahrhundert stammende Anlage mit den zwei Wasserrädern und der Fahrkunst ist auch nach der Schließung 1910 fast vollständig im Originalzustand erhalten und kann besichtigt werden.

Als Goethe 1777 die Grube Samson besichtigte, reichte der Schacht bereits in eine Tiefe von 400 m. Auf nassen und rutschigen Leitern ging es in endloser, kräftezehrender Kletterei hinunter und wieder hinauf. 1830 war der Schacht bereits mehr als 600 m tief und nur junge Männer konnten die Strapazen des zweieinhalbstündigen Aufstiegs überhaupt bewältigen.

1833 erfand der Zellerfelder Bergbeamte Dörell die **„Fahrkunst"**, die aus zwei nebeneinanderliegenden, 657 m langen Gestängen mit Griffen und Tritten bestand. Über eine Kurbelwelle verbunden bewegten diese sich um 1,60 m gegenläufig auf und ab. Die Bergleute wurden so jeweils um 1,60 m nach oben befördert. Sie mussten am oberen Totpunkt, also in dem kurzen Moment des Stillstandes beim Richtungswechsel, zum anderen Gestänge hinübersteigen, das sie nun weitere 1,60 m nach oben hob ... Auch beim Einfahren in die Grube nutzte man dieses Prinzip. Mit hoher Konzentration, aber ohne größere Anstrengung dauerten das Ein- und Ausfahren jetzt nur noch knapp eine Stunde. Lebensgefährlich war ein Sturz von den nassen Holzsprossen aber immer noch.

Das heutige Gebäudeensemble ist das letzte komplett erhaltene Bergwerk des historischen Oberharzer Erzbergbaus. Seit 2010 gehört die Grube Samson als Teil der Oberharzer Wasserwirtschaft zum **UNESCO-Weltkulturerbe Bergwerk Rammelsberg, Altstadt von Goslar und Oberharzer Wasserwirtschaft.**

⌘   Das **Harzer Roller-Museum** im Gebäude der Grube Samson zeigt die Geschichte, die Zucht und Haltung der Harzer Roller (Kanarienvögel). Dies war seit Anfang des 19. Jahrhunderts ein willkommener Nebenerwerb für über 350 Bergleute und ihre Familien. 1850 war St. Andreasberg das Zentrum der Harzer-Roller-Zucht. Ein einziger Großhändler verkaufte 1882/83 über 180.000 Exemplare in alle Welt.

♦   **Bergwerksmuseum** Grube Samson & Harzer Roller-Museum, Am Samson 2,
☎ 055 82/12 49, ✉ info@grube-samson.de, 🖥 www.grube-samson.de,
❏ das Bergwerk kann nur im Rahmen einer Führung besichtigt werden, die zwischen 60 und 75 Minuten dauert. Öffentliche Führungen finden täglich um 11:00 und 14:30 statt. Gruppen können individuelle Termine vereinbaren. Die Grube Samson ist ein idealer Einstieg, um das Oberharzer Wasserregal kennenzulernen. Preise,
❏ einzelne Schließtage im Winterhalbjahr und Öffnungszeiten der Museen siehe Webseite

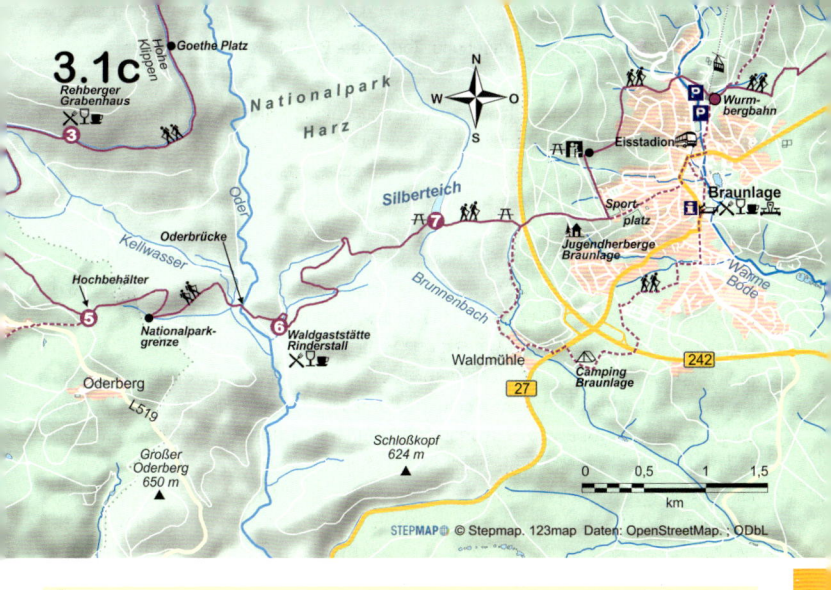

Hochseilgarten, An der Skiwiese 9, ☏ 055 82/81 54, 🖥 harz-hochseilgarten.de, 📖 der Hochseilgarten ist von etwa Ende April bis etwa Ende Oktober nur Sa von 11:00-17:00 geöffnet, die letzte Einweisung erfolgt um 15:00. Bei sehr schlechtem Wetter oder Temperaturen unter 5° C ist der Hochseilgarten geschlossen. Für Kletterfreunde bietet sich hier ein abenteuerliches Vergnügen. Sämtliche Ausrüstung wird gestellt und es gibt eine kleine Einweisung, sodass auch Neulinge hier in luftiger Höhe zwischen den Bäumen herumkraxeln können.

Um den Hexenstieg wieder zu erreichen, gehen Sie die Schützenstraße zurück. Kurz vor ihrem Ende biegen Sie rechts in den Glückauf-Weg und dann nach 40 m links in den Pfad ein. Dem folgen Sie die Höhe haltend. Er führt Sie unterhalb der links liegenden Ferienhaussiedlung entlang und an die L519, wo die Gaststätte Roter Bär (s. u.) liegt. Sie kreuzen die Landstraße am Gasthaus im spitzen Winkel und gelangen 500 m hinter dem Roten Bär an einen Hochbehälter.

An einer Kreuzung (✎) befindet sich der **Hochbehälter** St. Andreasberg ❺ (km 13,7), ein Wasserspeicher, der den Druck in den Wasserleitungen des Ortes stabil halten soll.

↳ Rechts, 500 m vom Hochbehälter entfernt Richtung St. Andreasberg, liegt die ✕ ♇ 🍺 Gaststätte Roter Bär.

✕ ♇ 🍺 Roter Bär – Café und Gaststätte in den Bergwiesen, Braunlager Str. 15, 37444 St Andreasberg, ☎ 015 78/387 54 34, 🕒 Mo & Di Ruhetage, sonst 12:00-21:00

Am Hochbehälter biegen Sie links hinunter ab. Gleich darauf zeigt ein Wegweiser „150 m Brockenblick" an, von wo Sie bei klarem Wetter einen schönen **Ausblick auf den Brocken** haben. Hier in den **Andreasberger Bergwiesen** können Sie den Blick frei in alle Richtungen schweifen lassen.

Der Hexenstieg tritt an der Nationalparkgrenze wieder in den Wald ein. Er beschreibt anschließend eine Rechtskurve. 250 m weiter, in einer Linkskurve, biegt er links steil bergab. Ein Pfad führt durch den dunklen Wald hinunter ins Odertal.

Sie erreichen die **Oder** und die asphaltierte Odertalstraße an einer soliden Brücke (km 15,6). Auf dieser überqueren Sie den Fluss und folgen der verkehrsberuhigten Straße 130 m talauswärts. Dann biegt links in der sanften Auenlandschaft des Odertals ein Trampelpfad zur ✕ ♇ 🍺 Waldgaststätte **Rinderstall** ab. Die schön gelegene Almhütte ❻ (km 16,0) wartet mit allem auf, was man sich von einer Jausenstation wünscht.

Almhütte und Gasthaus Rinderstall

Ab 1870 war die Baude eine klassische **Almhütte**, in der die Hirten den ganzen Sommer über lebten. Hier weideten die Rinderherden von St. Andreasberg. Ab 1902 wurde der Rinderstall dann neben der Almwirtschaft auch eine Wander-Gaststätte. Die Hütte im Harzer Holzhausstil wird Ihnen Freude bereiten. Sie liegt sehr schön auf einer großen, sonnigen Lichtung im Wald. Der Biergarten ist so vergleichsweise windgeschützt, aber Richtung Mittags- und Nachmittagssonne orientiert. Private Pkw dürfen die Hütte nicht anfahren, entsprechend ruhig geht es zu.

✕ ♀ ☕ Rinderstall, Rinderstall 1, 37444 St. Andreasberg,
💻 www.gaststaette-rinderstall.de, 🕒 Sommer: 10:30-17:30, Winter: 10:30-17:00, Mi Ruhetag, außer an Feiertagen, der Service im Rinderstall ist engagiert und freundlich und die Speisekarte bietet einige Auswahl. Hier hat man wirklich das Gefühl, willkommen zu sein.

Nach der Pause gehen Sie im Uhrzeigersinn um den Rinderstall herum und queren einen kleinen Bach. Ein Pfad mit Holzgeländer bringt Sie hinauf zum **Forstweg**, der Sie links hinauf Richtung Braunlage führt.

1,5 km hinter dem Rinderstall biegen Sie vom Hauptweg nach scharf rechts oben ab. 350 m weiter, an einer ⊼ Bank, zweigt der Hexenstieg als romantischer **Fußweg** nach links in den Wald ab.

Bald kreuzt der Hexenstieg die Waldstraße (km 18,1), einen asphaltierten Forstweg (⊼ Bank). Gegenüber geht's geradeaus weiter. Nur 60 m weiter biegen Sie halb rechts auf den schmaleren Waldweg ab. Dieser senkt sich hinab zu einem idyllischen See.

Am Silberteich

Der **Silberteich** ❼ (km 18,4) mit ein paar 🪑 Bänken auf der Dammkrone ist erreicht. Eine kleine Wiese lädt ebenfalls zur Rast und zum Genuss des Ambientes ein. Im Sommer lockt ein erfrischendes 🏊 Bad. Anschließend wandern Sie über den Damm auf die andere Talseite.

✋   Gleich hinter dem Überlauf biegt der Hexenstieg rechts ab und führt hinauf zu einem Forstweg, den Sie kreuzen. Weiter geht es auf schmalem Wanderweg.

Bald haben Sie die Höhe erreicht. An einem **Hochspannungsmast** befindet sich eine Wegkreuzung mit einer 🪑 Bank. Gehen Sie geradeaus weiter.
Eine weitere Kreuzung folgt (km 19,2).

> ↪ ⚠ Falls Sie zum **Campingplatz** wollen, biegen Sie hier rechts ab. Halten Sie auf die Klinik Waldmühle zu. Danach queren Sie die B27, folgen ihr ein Stück Richtung Braunlage und biegen rechts in die Straße Am Campingplatz ab (➲ 1,8 km ab Hexenstieg), ☞ Braunlage.

Die gut ausgebaute **Umgehungsstraße** von Braunlage (B242) liegt 30 m vor Ihnen. Sie wird halb links unterquert, danach geht es weiter geradeaus. Gut 350 m weiter taucht bei km 19,6 die 🏠 Jugendherberge Braunlages auf der rechten Seite auf (☞ Braunlage).
Links im Wald, parallel zur asphaltierten Forststraße, führt ein Weg bis zu einem **Sportplatz**, vor dem Sie links abbiegen (🪧 „Hexenstieg").

> ↪   Wenn Sie schnell nach Braunlage wollen, können Sie auch geradeaus der Von-Langen-Straße 700 m abwärts ins Zentrum folgen.

Am Waldrand liegen Einfamilienhäuser, ein Bach wird überquert. Der Weg steigt jetzt steil an und oben geht es rechts weiter. Hin und wieder ist 🪧 „Rundweg" oder „Großparkplatz" ausgeschildert.
Der Hexenstieg führt über eine offene **Bergwiese** mit vier 🪑 Bänken und einem schönen 📷 Ausblick über einen Teil Braunlages. Am Ende der Bergwiese biegen Sie links ab in die mit Verbundsteinen gepflasterte Straße Unter den Buchen. Immer am Waldrand entlang folgen Sie geradeaus der nun geschotterten Straße, die später zur Asphaltstraße wird. Am Ende der Straße wandern Sie halb links hinab, überqueren die **Harzburger Straße**, dann die Bode auf einer Fußgängerbrücke und sehen rechts dann schon den Großparkplatz.

Die Bode bei Braunlage

Sie lassen den **Großparkplatz** rechts liegen, unterqueren die **Seilbahn** (🖐 hier queren Sie auch eine Mountainbikestrecke) und stoßen auf den Waldpfad am gegenüberliegenden Hang (👉 „Hexenstieg").

Bei km 22,1 liegt das **Ende der Variante 3.1** und der Beginn von 3.2.

👉 Rechts, wieder dem Rand des Großparkplatzes folgend, erreichen Sie einen Infopavillon und wenige Meter weiter das Zentrum Braunlages.

Braunlage

⇧ 560 m, 4.900 Ew., ⌨ 38700

ℹ	Touristinformation, Elbingeröder Str. 17, ☏ 055 20/930 70, ✉ marketing@braunlage.de, 🖥 www.braunlage.de, 🕘 Mo-Fr 9:00-17:00, Sa 9:30-12:00
🛏✕🍷	Hotel Altes Forsthaus, Harzburger Straße 7, ☏ 055 20/94 40, ✉ rezeption@forsthaus-braunlage.de, 🖥 www.forsthaus-braunlage.de, EZ ab € 46, DZ ab € 55, das Hotel liegt zentral beim Eisstadion, nicht weit vom Hexenstieg.
🛏	Hostel Braunlage, Harzburger Str. 22A, ☏ 055 20/506 01 01, ✉ info@hostel-braunlage.de, 🖥 www.hostel-braunlage.de, EZ ab 28 €, DZ ab € 35, das Hostel liegt in der Nähe des Hexenstiegs und der Wurmbergbahn.

🛏 Pension Mona Lisa, Elbingeröder Str. 34, ☎ 055 20/999 67 80, ✉ pension-monalisa@gmx.de, 🖥 www.pension-monalisa.de, DZ ab € 60, die Pension liegt günstig zum Hexenstieg.

🏠 Jugendherberge, Von-Langen-Str. 28, 38700 Braunlage, ☎ 055 20/22 38, ✉ braunlage@jugendherberge.de, 🖥 www.jugendherberge.de/jugendherbergen (Braunlage in Suchmaske eingeben), es gibt Schlafsäle und Zimmer, Preis ab € 25 p. P. Liegt bei km 19,6.

⛺ Campingplatz Braunlage, Am Campingplatz 1, ☎ 055 20/999 69 31, ✉ info@braunlage-camping.de, 🖥 camping-braunlage.de, der Platz liegt südwestlich des Ortes in der Nähe der B27/B424 (☞ km 19,2), Preis für 2 Personen im kleinen Zelt ca. € 14. Vom Campingplatz führt ein Weg am Friedhof vorbei und über die Bahnhofstraße ins Zentrum Braunlages (➲ 3 km). Dazu verlassen Sie den Platz Richtung Nordosten, unterqueren die Landstraße und erreichen den Parkplatz des Friedhofs. Betreten Sie den Friedhof und halten Sie sich links. Bald verlässt ein Weg nach links das Gelände. Diesem folgen Sie im Bogen Richtung Nordosten. Nach 450 m, kurz vor der Bebauung, gehen Sie noch mal links und nach weiteren 150 m wieder rechts. So erreichen Sie automatisch die Bahnhofstraße, der Sie nach links ins Zentrum folgen.

☺ In Braunlage gibt es eine große Zahl von Hotels und Pensionen. Die Tourist-Info und die Buchungsportale im Internet helfen Ihnen beim Finden der optimalen Gastgeber.

Um 1200 entstand die erste **Ansiedlung** um ein Hüttenwerk. 1227 wurde der Name „Brunla" zum ersten Mal urkundlich erwähnt.

Die Entwicklung zum **Kur- und Fremdenverkehrsort** begann 1882 mit der Einrichtung einer Anstalt für medizinische Bäder. Nach einer Schneekatastrophe ließ sich Oberförster Ulrichs die ersten „Schneeschuhe" nach norwegischem Vorbild anfertigen – dies hatte den Beginn des Skilaufens in Braunlage zur Folge. 1902 wurde die erste Skisprungschanze erbaut, fünf Jahre später die Rodelbahn. In der Folge wurden viele Meisterschaften in Wintersportarten in Braunlage ausgerichtet.

Der **Tourismus** hat immer noch die größte wirtschaftliche Bedeutung im Ort. Braunlage bietet zusammen mit Hohegeiß 8.500 Betten an. Es ist entsprechend viel los und es gibt eine gute touristische Infrastruktur mit vielen Freizeitangeboten.

1989 öffneten sich die **Grenze zur nahen DDR**. 1994 erfolgte die Sprengung des 81 m hohen NATO-Turms auf dem Wurmberg (das Gegenstück zur russischen Spionageanlage auf dem Brocken).

Auch vorgeschichtliche Spuren gibt es: die Ruinen einer **steinzeitlichen Kultstätte** auf dem Wurmberg. Eine Legende besagt, dass die Hexen hier auf ihrem Besenritt rasteten, bevor sie sich auf der letzten Etappe auf den Flug zum Brocken machten.

Die **Wurmbergseilbahn** verbindet Braunlage mit dem Gipfel des Wurmbergs, ☎ 055 20/99 93 28, im Sommer täglich 9:45-17:30, die einfache Fahrt kostet für Erwachsene € 8, für Familien und Gruppen gibt es Ermäßigungen. Die Fahrt mit der Wurmbergseilbahn über die Mittelstation zur Bergstation dauert 15 Minuten.

Von dort oben in fast 1.000 Metern Höhe ist der Rundblick grandios – der 4 km entfernte Brocken scheint zum Greifen nah.

   www.wurmberg-seilbahn.de

Monsterroller: Vom Wurmberggipfel kann man mit einem Monsterroller nach Braunlage abfahren (ab 10 Jahren). Allerdings können die Gefährte nur in der Talstation gemietet werden und müssen persönlich mit der Bergbahn auf den Wurmberg transportiert werden.

   www.monsterroller.de.

Im **Eisstadion** können Sie auch Schlittschuhe leihen, falls Sie sich auf der Wanderung noch nicht genügend verausgabt haben.
◆   Harzburger Str. 28, ☎ 055 20/21 91, www.eisstadion-braunlage.de, Eintritt € 4, Schlittschuhverleih € 3, die wechselnden Öffnungszeiten erfahren Sie telefonisch oder auf der Webseite.

Variante 3.2: Brockenumgehung: Braunlage – Steinbachtal (– Rübeland)

➲ 12,6 km, ⌛ 3 Std. 30 Min., ↑ 110 m, ↓ 220 m, ⇧ 465-605 m
(zuzüglich Steinbachtal – Rübeland, ➲ 12,4 km, 3 Std.)

0,0 km	⇧ 590 m	Braunlage (Wurmbergbahn)
5,9 km	⇧ 510 m	Elend (Waldmühle)
9,2 km	⇧ 475 m	Mandelholz (Grüne Tanne)
12,6 km	⇧ 480 m	Steinbachtal (Rastplatz)

Der Anfang der heutigen Etappe bis Elend ist geprägt vom typischen Harzer Fichtenforst. Sie überschreiten hier die ehemalige innerdeutsche Grenze, an die noch die Kolonnenwege der Grenztruppen und Informationsschilder erinnern. Nach Elend wird die Route abwechslungsreicher mit Mischwald, verträumten Flussauen und weiten Feuchtwiesen. Hier grast das Harzer Rote Höhenvieh, eine vor Jahren fast ausgestorbene Rinderrasse aus der Region.

Nach 9,2 km erreichen Sie die Grüne Tanne in Mandelholz, die Wanderer und Ausflügler mit traditionellen Gerichten wie Sauerbraten oder Kohlrouladen glücklich macht.

3,4 km weiter, am Rastplatz Steinbachtal, treffen Sie die vom Brocken kommende Hauptroute und folgen ihr ab hier parallel zur immer breiter werdenden Bode bis nach Rübeland (☞ 4. Etappe).

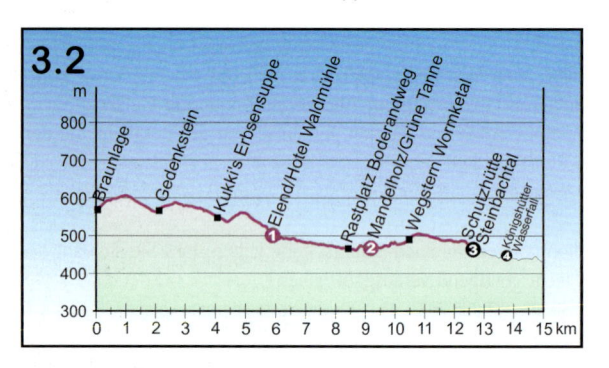

ᗑ Einstieg in den Hexenstieg

Vom Zentrum Braunlages kommend gehen Sie über den Großparkplatz an der Eishalle (Straße Am Amtsweg) und dann rechts an der Talstation der Seilbahn vorbei. So erreichen Sie das Ende der gestrigen Route und den Beginn der heutigen Etappe bei km 0,0 (🕮 „Hexenstieg").

ᗑ Über den Wurmberg nach Elend

Da der Teil des Hexenstiegs zwischen Braunlage und Elend keine besonderen Attraktionen bietet und zum Teil recht nahe an der Straße verläuft, überzeugt Sie vielleicht die Variante über den Wurmberg. Sie können mit der Seilbahn auf den Gipfel (971 m, ✕ ♀) hinauffahren, dort die tollen Aussichten genießen und dann über das ✕ ♀ Loipenhaus und den Ulmer Weg nach Elend absteigen. Am

Wegesrand liegen auch die fotogenen granitischen Scherstorklippen (km 3,5). Die Gehstrecke der Variante beträgt ⮕ 5,4 km, Sie stoßen an der Alten Braunlager Straße (heute eine Forststraße) kurz vor Elend wieder auf die heutige Etappe des Hexenstiegs.

Zum Aufstieg nutzen Sie am besten die Bahn (Wurmbergbahn), sonst wird der Tag sehr lang. (Wenn Sie zusätzliche 4 km und 400 hm nicht schrecken, können Sie auch über das Schierker Loipenhaus zum Wurmberg aufsteigen. Die Route führt über breite Wege und ist ausgeschildert.)

Von der Bergstation der Seilbahn wenden Sie sich nach rechts (Osten) und spazieren hinüber zur Wurmberg-Alm.

✕ 🍷 Wurmberg-Alm, Wurmbergbaude 1, 38700 Braunlage, ☎ 055 20/721, ✉ reservierung@wurmberg-alm.de, 🖥 www.wurmberg-alm.de, 🕘 9:00-16:30 (Winter/Frühjahr) bzw. 10:00-17:30 (Sommer/Herbst)

Hinter der Wurmberg-Alm an der alten Sprungschanze beginnt der Abstieg auf einem gewundenen Pfad. Der verläuft parallel zur Flugroute der Skispringer hinab zum Auslauf und zum dahinterliegenden ✕ 🍷 Schierker Loipenhaus. Hier stehen Sie am höchsten Punkt des „Grünen Bandes" und der ehemaligen innerdeutschen Grenze – zwischen dem höchsten Berg Niedersachsens (Wurmberg, 971 m) und dem höchsten Berg Sachsen-Anhalts (Brocken, 1141 m).

✕ 🍷 Schierker Loipenhaus, Schierker Loipenhaus, 38879 Wernigerode, Kontakt über die Touristinformation Schierke, ☎ 03 94 55/86 80, das Schierker Loipenhaus ist bewirtschaftet. 🕘 Do-So 11:00-16:00 werden warme und kalte Getränke sowie ein kleiner Imbiss angeboten. Im Winter brennt meist ein Feuer im gemütlichen Kamin. Bei schlechtem Wetter können die Öffnungszeiten eingeschränkt sein,

Auf dem Weg nach Elend

Vom Loipenhaus wechseln Sie über die Schotterstraße auf den Grenzweg, der als Kolonnenweg mit den typischen Betonplatten nördlich der Hütte verläuft. Hier wenden Sie sich rechts und folgen dem Grenzweg, bis halb links beschildert der Ulmer Weg als Schotterweg Richtung Scherstorklippen/Schnarcherklippen abgeht. Auf dem Ulmer Weg passieren Sie auf dem Weg nach Elend mehrere Schutzhütten. Folgen Sie dem Ulmer Weg (25H) über alle Abzweigungen hinweg, bis Sie die beschilderten Scherstorklippen (694 m, km 3,5) erreicht haben. Die Granitformation ragt geheimnisvoll zwischen alten und jungen Fichten auf. Sie erreichen sie über einen kleinen Pfad.

Von den Klippen gehen Sie auf den Weg zurück, dann halten Sie sich links und wandern weiter auf dem Ulmer Weg (25H), der Sie über gut 2 km nach Elend hinunterbringt. Sie kreuzen die Alte Braunlager Straße (heute eine Forststraße) und befinden sich nun wieder auf der Hauptroute. Am Hotel Waldmühle (🛏 ✕ ☕) erreichen Sie die Bundesstraße 27.

Beginnen Sie am Ende der gestrigen Etappe: Östlich (vom Zentrum kommend rechts) der Talstation der **Wurmbergbahn**, am Rande der Ski- und Mountainbikepiste, steigen Sie auf einem etwas unscheinbaren schmalen Pfad (vom Zentrum kommend rechts, 🗺) durch Gebüsch hinauf auf den Weg, der eine Etage höher als das Parkplatzniveau verläuft. Auf diesem geht es links weiter aufwärts. Links unten begleitet Sie die Skiabfahrt, auf der im Sommer oft Mountainbiker zu Tal sausen.

Der Schotterweg biegt als **Braunlager Rundweg** leicht nach rechts (Osten) um und gelangt an eine Gabelung (🗺). Hier biegen Sie links ab, 250 m weiter – dann auf den Glashüttenweg – nach rechts.

Noch mal 100 m weiter kreuzen Sie eine Straße in einer kurzen Rechts-Links-Kombination (🗺), halten sich nach 400 m in der Kurve auf dem Schotterforstweg halb rechts und biegen nach weiteren 400 m halb rechts auf die Forststraße ein, auf der Sie kurz darauf die **Bundesstraße B27** erreichen. Diese überqueren Sie.

Sie wenden sich links und passieren die 🚌 Bushaltestelle „Bremkebrücke". Nach insgesamt 250 m entlang der Straße wechseln Sie erneut die Seite und biegen an einem kleinen Parkplatz direkt am **Gedenkstein** (km 2,1) in den Wald ein. Hier ist am ehemaligen Grenzstreifen direkt an der Bundesstraße ein Denkmal aus zwei Felssteinen mit der Inschrift „Deutschland 1989 wieder vereint" aufgestellt worden. Gleich dahinter steht eine ⌂ Schutzhütte. Hier auf dem sogenannten Kolonnenwegen, also Plattenwegen für Streifenfahrzeuge der Grenztruppen der DDR, verläuft der etwa 100 km lange Harzer Grenzweg als Wanderweg entlang der ehemaligen innerdeutschen Grenze.

Der Hexenstieg führt als Trampelpfad in den Wald hinein, verläuft parallel zur Bundesstraße, quert einen Forstweg und stößt nach 1,3 km auf einen weiteren Forstweg, dem er geradeaus folgt.

Nach 200 m, in einer scharfen Linkskurve des Forstwegs, führt der Hexenstieg nach rechts abknickend in den Wald (✎ „Elend"). Der Waldweg kreuzt nach 400 m einen **Kolonnenweg** (km 4,1) aus DDR-Zeiten.

> ⛺ ✗ ⌂ Rechts ist in 100 m Entfernung ein 🅿 Parkplatz zu sehen. Dort findet der Wanderer eine Institution des Harzes: ✗ **Kukkis Erbsensuppe**. Mit seiner Gulaschkanone steht Kukki hier seit der Grenzöffnung und verkauft Eintopf, Bockwurst, geräucherten Fisch und andere Kleinigkeiten. Mittlerweile steht hier auch eine kleine ⌂ Schutzhütte. Die urige Einrichtung lohnt den kurzen Abstecher. Die solide Hausmannskost wärmt und schmeckt – und für den angebotenen Kaffee trifft Ersteres auch zu.
>
> ✗   Kukkis, ☎ 03 94 55/386, ✉ vertrieb@kukki.de, 🖳 www.kukki.de, 🕑 Ende März-Anfang Oktober wochentags von 10:30-17:00, Sa, So und an Feiertagen bis 17:30, Oktober-März bis Einbruch der Dunkelheit

Gehen Sie (aus Richtung Braunlage kommend) geradeaus weiter. Wenn der Hexenstieg fast die verkehrsreiche Bundesstraße erreicht hat, knickt er nach links ab. Der **Trampelpfad** überquert ein paar kleinere Holzbrücken, steigt später etwas an und mündet in einen befestigten Forstweg, dem Sie nach links bergan folgen. Bald darauf ist eine ⌂ Schutzhütte mit ⚜ Bank und Tisch erreicht (km 4,9).

Gehen Sie immer geradeaus weiter – Sie wandern nun auf der **Alten Braunlager Straße**, der früheren Verbindung zwischen Braunlage und Elend. 700 m nach der Hütte führt der Hexenstieg (✎) nach halb rechts in den Wald hinein. Von links kommt hier der **Ulmer Weg** heran (☞Variante über den Wurmberg).

Die **Bahngleise** der 🚂 Harzquerbahn von Wernigerode nach Nordhausen werden bei km 5,8 gekreuzt. Immer wieder hören Sie auf dieser Etappe das Schnaufen und das Pfeifen der Loks. Es verkehren mehrmals täglich historische Züge auf dieser Strecke, einige sogar mit Dampflok (☞ Reise-Infos von A bis Z, Harzer Schmalspurbahnen).

Folgen Sie dem Waldweg bergab nach Elend. Sie stoßen direkt auf das Gasthaus Waldmühle ❶ (km 5,9). Die 🛏 ✗ ☕ Waldmühle widerspricht dem Ortsnamen und bietet Kaffee, Kuchen sowie verschiedene Speisen und Getränke an.

Elend 490 m, Ew. 500, 38875

- Tourist-Info, Hauptstr. 19, ☎ 03 94 55/375, info@elend-harz.de, www.oberharzinfo.de, wechselnde Öffnungszeiten
- Hotel Waldmühle, Braunlager Str. 15, Tel. 03 94 55/512 22, www.harz-hotel-waldmuehle.de, hotel.waldmuehle@t-online.de, DZ ab € 64, EZ auf Anfrage, ✋ zur Zeit der Recherche war das Hotel auf seiner Webseite als Fotomontage so abgebildet, als würde es mitten in der Natur stehen. In Wahrheit liegt es an der Hauptstraße in Elend. Dieses Vorgehen ist wenig seriös. Dabei hat das Hotel das eigentlich nicht nötig. Die Gäste sind überwiegend recht zufrieden.
- Pension Bodetal, Hauptstraße 28, ☎ 03 94 55/381, www.pension-bodetal.de, DZ ab € 40
- ☺ Zusätzlich gibt es eine Vielzahl an Ferienwohnungen und Privatzimmer, die aber ungern nur für eine Nacht an Wanderer vermietet werden.
- Bahnhof der Harzquerbahn, Busverbindung nach Braunlage und über Drei Annen Hohne nach Wernigerode

In Elend gibt es eine schöne **Holzkirche** aus dem Jahr 1897 auf einer riesigen Wiese. Sie ist die kleinste Holzkirche Deutschlands mit einer Grundfläche von nur 5 x 11 m – bietet aber immerhin 80 Gläubigen Platz.

Im 16. Jahrhundert wurde eine Sägemühle gebaut und 1780 folgte eine **Eisenhütte**. Die Arbeiter siedelten sich bald in der Nähe des Werks fest an und das Dorf Elend entstand. Der etwas ungewöhnliche Name bedeutet „Ausland" und stammt von den Mönchen von Ilsenburg und Walkenried, die auf ihren Pilgerwanderungen im Elendstal Rast machten.

Die Holzkirche von Elend

Nach der Stilllegung der Eisenhütte im Jahr 1863 zogen die meisten Hüttenarbeiter mit ihren Familien fort und die einzige Erwerbsquelle blieb die **Forstwirtschaft**. Bereits 1899 fuhr die Harzquerbahn durch den Ort und nach dem Ersten Weltkrieg kam langsam der **Fremdenverkehr** auf, der bescheidenen Wohlstand brachte.

Sogar in der Literatur kommt das Elendstal vor: 1777 weilte Goethe im Bodetal, um seine Abhandlungen über Granit zu schreiben. Er war von der Gegend so beeindruckt, dass er sie in die Walpurgisnachtszene seines „Faust I" einbrachte.

Im **Elendstal** (heute größtenteils Naturschutzgebiet) findet sich noch der ursprünglich für den Harz typische Mischwald, der anderswo den schnell wachsenden Fichten weichen musste. Das Flussbett der Kalten Bode ist von großen Felsbrocken durchsetzt und die Berge um das Tal sind von mächtigen Gesteinsklippen gekrönt.

Oberhalb des Tales stand im Mittelalter die ♜ **Elendsburg**, die später von Benediktinermönchen als Kloster bewohnt wurde. Von dieser einstigen Festung sind über die Jahrhunderte bis heute nur noch ein paar Gräben und Steinbrocken übrig geblieben.

Folgen Sie von der Waldmühle der **B27** ortsauswärts gut 150 m aufwärts bis hinter das Haus Füllgrabe und wechseln Sie vor der Kurve auf die linke Straßenseite.

✋ Vor Beginn der Leitplanke auf der linken Straßenseite führen zwei Wege in den Wald. Nehmen Sie nicht den breiteren unmittelbar vor der Leitplanke, sondern den schmaleren Pfad, noch ein paar Meter vorher (✎ Schild etwas verborgen).

So treffen Sie auf den grasbewachsenen **Boderandweg**, auf dem Sie die **Kalte Bode** auf den nächsten 2,5 km begleiten werden. Der Wanderweg führt immer parallel zum Bach und Sie können alle Abzweigungen ignorieren. Links plätschert das muntere Gewässer zwischen Erlen und Weiden, dahinter erstrecken sich die Feuchtwiesen der Bodeaue. Hier weidet das Harzer Rote Höhenvieh (☞ Reise-Infos von A bis Z, Essen und Trinken) in einer ursprünglichen Weidelandschaft. Rechter Hand lugen immer wieder Felsen aus dem Fichtenwald.

Im weiten Bodetal bei Elend grast das Harzer Rote Höhenvieh

Etwa 1 km hinter der Waldmühle führt eine Schotterstraße auf einer Brücke über die Bode, die Sie ignorieren. Nach noch mal gut 1,5 km auf dem Boderandweg, 180 m hinter einem ⛱ Rastplatz, führt ein Wanderpfad weiter (✎, km 8,6) links hinunter zur Bode. Er führt als Trampelpfad durch die Wiesen, kreuzt die Bode auf einer Stahlbrücke und führt auf der anderen Talseite hinauf zum Weiler **Mandelholz**.

Sie erreichen entlang eines verfallenen Grabens einen großen Parkplatz und auf der gegenüberliegenden Straßenseite der B27 liegt das 🛏 ✕ 🍷 Hotel Restaurant Grüne Tanne ❷ (km 9,2).

Variante 3.2: Brockenumgehung: Braunlage – Steinbachtal (– Rübeland)

🛏️ 🍴 ℹ️ Hotel Restaurant Grüne Tanne, Mandelholz 1, 38875 Elend, ☎ 03 94 54/460, ✉️ hotel@mandelholz.eu, 🖥️ www.mandelholz.eu; DZ gibt es ab € 95, in der Tanne werden leckere traditionelle Gerichte angeboten. Draußen sitzen Sie schön auf der Terrasse.

Naturlandschaft im Wormketal

Direkt hinter der Grünen Tanne biegen Sie links ab und befinden sich nun im **Wormketal**. Rechts liegen Feuchtwiesen. Sie folgen dem Feldweg und dann dem Pfad, überqueren den Bach auf einer Holzbrücke und halten sich am anderen Ufer links aufwärts (🧭). Gegen die Fließrichtung steigen Sie auf einem grasbewachsenen Wanderweg am munteren Bächlein aufwärts. Rechts des Weges liegen die Felsen eines aufgelassenen Steinbruchs mit einer Infotafel zur Montangeschichte.

Der Hexenstieg stößt auf einen gut ausgebauten Forstweg (🧭, km 10,5). Sie verlassen den Lauf der Wormke nach rechts, unmittelbar darauf biegen Sie wieder rechts in einen leicht ansteigenden Weg ab. Dieser bringt Sie auf die **Alte Elbingeröder Straße** – heute eine Forststraße – und dieser folgen Sie alle Abzweigungen ignorierend bis zum Rastplatz Steinbachtal.

Bei einer Brücke bei km 12,7 ist das **Steinbachtal** ❸ erreicht. Eine 🏠 Schutzhütte sowie 🪑 Bänke und Tische laden zum Verweilen ein.

☺ Hier vereinigt sich die Südumgehung des Hexenstiegs mit dem **Hauptweg**, der über den Brocken führt und von links oben herankommt. Von hier sind es noch 12,4 km bis zum Etappenende in Rübeland. Die Beschreibung der restlichen Strecke lesen Sie bei der 👉 4. Etappe ab km 7,6.

🚲 ⛺ Kurz links und wieder rechts führt ein Weg nach Elbingerode mit Campingplatz (👉 4. Etappe, km 7,6).

4. Etappe: Schierke (Ahrensklint) – Rübeland

➲ *20,0 km*, ⏳ *5 Std. 30 Min.*, ↑ *160 m*, ↓ *590 m*, ⇧ *390-820 m*

0,0 km	⇧ 820 m	Ahrensklint (bei Schierke)
4,6 km	⇧ 550 m	Drei Annen Hohne 🅘 🛏 ✕ 🍴 🚌 🚂 🚋
10,3 km	⇧ 430 m	Königshütte ⌂
20,0 km	⇧ 390 m	Rübeland (Philosophenweg) (🅘) 🛏 ✕ 🍴 ≋ ⌘ ⊙ 🚌

Auf dieser Etappe erleben Sie zuerst noch einmal die klassische Landschaft des Oberharzes in seiner schönsten Form: dichte Hochwälder, Felsbastionen, murmelnde Bergbäche und immer mal wieder das ferne Schnaufen der Dampflok. Mit dem Eintritt ins Hirschbachtal hinter Drei Annen Hohne betreten Sie den Unterharz, der etwas lieblicher daherkommt. Die Route, oft bequeme Forstwege, wird von Flüssen und offenen grünen Tälern begleitet, taucht aber auch immer wieder in den Wald ein.

Die letzte Einkehrmöglichkeit vor dem Etappenziel liegt in Königshütte (km 9,9).

Die Kilometrierung dieser Etappe beginnt an der Abzweigung des Pfarrstieges vom Glashüttenweg bei Ahrensklint.

Wenn Sie in Schierke übernachtet haben und/oder vom Bahnhof aus aufsteigen, stoßen Sie erst etwas später – an der „Spinne" bei km 1,5 – auf die beschriebene Route.

☺ Das empfiehlt sich besonders, wenn Sie im unteren östlichen Teil Schierkes oder auf dem Campingplatz übernachtet haben.

Auf dem Glashüttenweg bei Ahrensklint – am offiziellen Ende der 3. Etappe – starten Sie, wenn Sie über den Pfarrstieg von Schierke aufgestiegen sind.

☺ Das empfiehlt sich, wenn Sie im oberen Teil Schierkes übernachtet haben oder wenn Sie keinen Meter des Hexenstiegs missen wollen.

↯ Aufstieg zum Startpunkt Ahrensklint über den Pfarrstieg

Sie können den bei der 🕮 3. Etappe als Abstieg beschriebenen Pfarrstieg zum Etappenstart km 0,0 am Ahrensklint aufsteigen. Dazu folgen Sie dem Ottoweg, der gegenüber der Bergkirche beginnt. Geradeaus geht er über in den Neuen Weg. Nach insgesamt 450 m biegen Sie an einem Schild rechts ab hinauf in den Pfarrstieg. Der bringt Sie als schmaler Bergpfad immer geradeaus (oben auch mal beschildert halb links) zur Ahrensklintklippe und ein paar Meter weiter zum Glashüttenweg beim Hexenstieg-km 0,0 der heutigen Etappe.

Aufstieg zum Hexenstieg über Bahnhof und Feuersteinklippen

Den Friedhof gegenüber der Bergkirche umrunden Sie gegen den Uhrzeigersinn und gelangen so in die Bahnhofsstraße. Nach 80 m auf dieser Straße führt rechts der Fußweg zum Bahnhof (🗺) ab. Auf lauschigem Pfad steigen Sie durch mystische Felslandschaft und ignorieren die Abzweigungen.

Wenn Sie am Bahnhof (🚂 ✕) die Gleise geradeaus überquert haben, weist Ihnen ein besonders schönes Schild den Weg zu den links oberhalb liegenden Feuersteinklippen.

Die **Feuersteinklippen** sind auffällige Felsen im Wald 100 m nördlich des Schierker Bahnhofs – ein durchaus lohnender kleiner Umweg auch vom Hexenstieg aus. Die Klippen bestehen aus Granit und nicht, wie man vom Namen her annehmen könnte, aus Feuer- oder Flintstein. Der Name stammt von der sogenannten Feuersteinwiese, auf der zu germanischer Zeit Feuer für Kultfeiern brannte. Die Felsformation in 760 m Höhe weist die für den Harzer Granit typische **Wollsackverwitterung** auf. Diese Art der Verwitterung machte aus den einst scharfkantigen und quaderförmigen Granitbrocken abgerundete Formen, die von Weitem und mit etwas Fantasie wie gestapelte Säcke aussehen. Sogar Johann Wolfgang von Goethe kam 1784 vorbei, um das Phänomen zu bestaunen und geologische Forschungen zu betreiben.

Die Feuersteinklippen rechts liegen lassend steigen Sie weiter auf. An der nächsten Gabelung rechts, den folgenden Abzweig ignorierend und dann wieder rechts gelangen Sie zur **„Spinne"** (🗺) an der Wormke. Bei km 1,5 stoßen Sie dort auf die 4. Etappe des Hexenstieges.

Nur wenn Sie keinen Meter des Hexenstiegs verpassen wollen, halten Sie sich hinter den Feuersteinklippen links an die Schilder „Ahrensklint" und beginnen dort die Etappe bei km 0.

Von der Abzweigung bei **Ahrensklint** (km 0) folgen Sie dem Glashüttenweg Richtung Osten. Wieder gehen Sie (etwa 1,5 km) immer geradeaus. Aus dem Schotterwanderweg wird ein steiniger Pfad, der Sie hinunter an die Wegspinne

4a

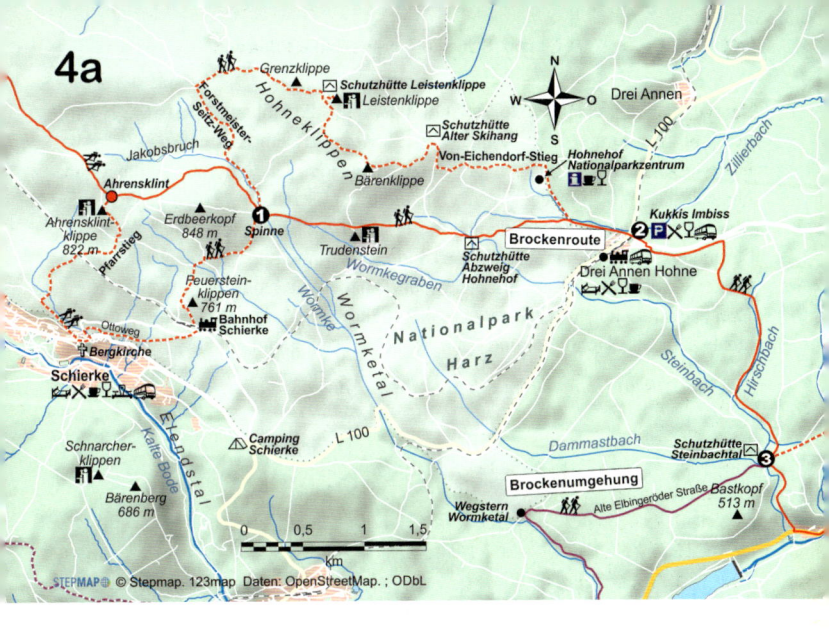

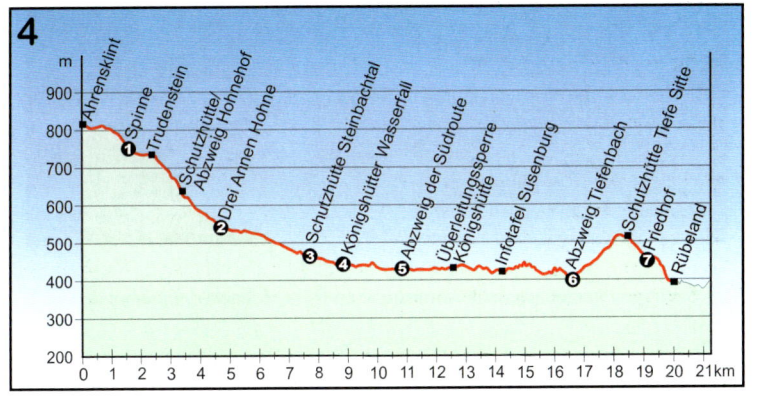

(Map section)

4

(Elevation profile with waypoints: Ahrensklint, Spinne ❶, Trudenstein, Schutzhütte/Abzweig Hohnehof, Drei Annen Hohne ❷, Schutzhütte Steinbachtal ❸, Königshütter Wasserfall ❹, Abzweig der Südroute ❺, Überleitungssperre Königshütte, Infotafel Susenburg ❻, Abzweig Tiefenbach, Schutzhütte Tiefe Sitte ❼, Friedhof, Rübeland)

✎ „Spinne") ❶ (km 1,5) an der murmelnden Wormke bringt (⌂ ⊼).

Hier an der „**Spinne**" zweigt der **Wormkegraben** von dem lebendigen Bergbach ab. Ein guter Platz, um sich die Füße zu kühlen ... oder ist es dazu noch etwas zu früh?

↳   Eine empfehlenswerte Variante führt über die **Hohneklippen** zum Hohnehof und nach Drei Annen Hohne. Dazu folgen Sie dem Forstmeister-Seitz-Weg links aufwärts, halten sich an der Abzweigung des Glashüttenwegs rechts und biegen knapp 700 m weiter rechts hinauf ab. Auf schmalen Pfaden erreichen Sie 🏷 **Grenzklippe**, **Leistenklippe** und etwas später die **Bärenklippe**. Hier ragen Felsburgen hoch aus dem Wald auf. Die Landschaft erinnert an Skandinavien. Von der Leistenklippe, auf die eine Eisenleiter führt, haben Sie fantastische 📷 Ausblicke. Anschließend steigen Sie über den alten Skihang und den Von-Eichendorf-Steig hinab zum ☞ Hohnehof und nach ☞ Drei Annen Hohne.

Die mächtigen Hohneklippen lohnen den Umweg

Sie folgen geradeaus dem Wormkegraben (🏷 „Hohnehof, Bahnhof").

✋   In einigen Karten ist der Wormkegraben als Wormsgraben angegeben.

Der Wormkegraben wirkt mit seinem Gefälle und den Granitblöcken, mit denen er eingefasst ist, fast wie ein natürlicher Bergbach. Rechts des Wegs ragt 800 m nach der Spinne der mächtige **Trudenstein** auf. Trudenstein bedeutet Hexenstein. Sie können die Klippe über eine Leiter besteigen und die Aussicht über das Dach des Waldes bestaunen. Wer braucht da noch künstliche Baumwipfelpfade?

400 m weiter beschreibt der Forstweg eine leichte Linkskurve. Hier führt ein Wurzelpfad (, markiert mit einem roten Balken auf weißem Grund) in den Wald hinein. Diese schöne Abkürzung trifft nach 600 m – an der Kreuzung mit dem Wormkegraben bei einem Wegweiser (◻) – wieder auf die Forststraße.

> Links gelangen Sie nach 1 km zum ausgeschilderten Hohnehof, wo Sie das Café oder den Biergarten im Nationalparkzentrum (mit Infostelle und Spielplatz) besuchen können (☎ 03 94 55/86 40, April-Oktober täglich 10:00-17:00, November-März täglich 10:00-16:00, geschlossen am 24. und 31. Dezember).
> www.nationalpark-harz.de/de/besucherzentren

Geradeaus geht die Forststraße in eine schöne Allee über, die Sie geradewegs nach Drei Annen Hohne bringt.

Drei Annen Hohne   ⇧ 540 m, 38875

- Nationalparkzentrum Hohnehof
- Hotel Der Kräuterhof, ☎ 03 94 55/840, rezeption@hotel-kraeuterhof.de, www.hotel-kraeuterhof.de, EZ ab € 60, DZ ab € 93, das Haus liegt direkt gegenüber vom Bahnhof.
- Das Hotel Drei Annen im gleichnamigen Nachbarort ist geschlossen.
- An einem Kiosk am großen Parkplatz gibt's Kukkis Erbsensuppe aus der Gulaschkanone sowie andere kleinere Mahlzeiten (Variante 3.2, ❷). Auch die Bahnhofsgaststätte bietet Speisen und Getränke an.

1770 wurde an der Stelle des heutigen Hotels Drei Annen (im Nachbarort von Drei Annen Hohne) ein Kupfer- und Silberbergwerk betrieben. Der damals regierende Graf Christian Friedrich zu Stolberg-Wernigerode gab seine Genehmigung zum Abbau allerdings nur unter der Bedingung, dass ein ihm genehmer **Name** für die Grube gefunden wurde. Gerade war dem Grafen eine Tochter geboren worden und auch seine einzige Schwester erfreute sich weiblichen Nachwuchses. Beide Kinder wurden nach der gemeinsamen Großmutter Anna genannt, sodass die „Drei Annen" jetzt komplett waren. Der Zusatz „Hohne" (des heutigen Bahnhofsortes) stammt von einem Forsthaus gleichen Namens.

Am Bahnhof von Drei Annen Hohne teilt sich die Schmalspurbahn von Wernigerode kommend in die Brockenbahn und in die Harzquerbahn über Elend nach Nordhausen bzw. Quedlinburg und Hasselfelde.

Wasserreich: der Rastplatz Steinbachtal

Geradeaus kreuzen Sie die L100 zwischen Wernigerode und Braunlage und die Bahngleise ❷ (km 4,6) – links liegt Kukkis Imbiss – und überqueren den rechts liegenden Parkplatz diagonal. An der südöstlichen Ecke weist ein großes Tor auf den Einstieg zur Loipe hin. Dort hindurch führt auch der ✏ Hexenstieg auf einen Waldweg.

600 m nach dem Ende des Parkplatzes kreuzt ein weiterer Waldweg, in den Sie rechts einschwenken. Er führt Sie 2,2 km hinab durch das **Hirschbachtal** in das wunderschöne **Steinbachtal**. Ein munterer Bach mit vielen Mäandern windet sich idyllisch zwischen alten Laubbäumen hindurch. Feuchtwiesen bieten Lebensraum für Amphibien und Vögel. Sonnen- und Schattenzonen bereichern das Bild.

Am Rastplatz Steinbachtal ❸ (km 7,6) vereinigt sich der Dammastbach mit dem Steinbach und seichte Furten führen hinüber. Eine ⛺ Schutzhütte und 🪑 Bänke und Tische laden zum Verweilen ein. Hier kann man sich im Wasser erfrischen oder einfach nur den traumhaften Platz zwischen Wasser, Wiese und Wald genießen.

☺ ✏ Am Rastplatz stößt die **Brockenumgehung** wieder auf den Hauptweg. Diese Route beschreibe ich weiter hinten als Variante 3.1 und 3.2.

Man könnte diese Route natürlich auch nutzen, um einen **Rundweg** zu bewandern. Von hier käme man über Elend, Braunlage und St. Andreasberg in zwei Tagen nach Torfhaus zurück und hätte damit eine wunderbare dreitägige Hochharzrunde hinter sich gebracht.

✏ ⛺ Suchen Sie einen **Campingplatz**, so können Sie vor der Schutzhütte links abbiegen. Halten Sie immer geradeaus die Richtung – auch durch die Randbereiche von **Elbingerode** – und Sie kommen nach 4,2 km am nördlichen

Ortsrand zum ⛺ Camping am Brocken. Wenn Sie sich am nächsten Tag von Elbingerode direkt nach Süden wenden, erreichen Sie den Hexenstieg nach 5,4 km an der Staumauer der Talsperre Königshütte (Hexenstieg-km 13,5), 5,9 km hinter der Abzweigung im Steinbachtal.

⛺ Camping am Brocken, Schützenring 6, 38875 Elbingerode, ☎ 03 94 54/425 89, ✉ campingambrocken@gmx.de, 🖥 www.campingambrocken.de, Preis für 2 Personen mit Zelt ca. € 17, in der Nähe liegt ein kleiner 🏊 Badeteich mit Kiosk, das „Naturbad". ✋ In Rübeland gibt es keinen Campingplatz.

Der Waldweg führt in weiten Bögen zwischen felsigen Passagen weiter durch das Steinbachtal nach **Königshütte** in die Ortsteile Neue Hütte und Rothehütte. Sie stoßen auf die B27, der Sie nach links folgen.

✋ Gehen Sie nicht geradeaus, auch wenn das verlockend aussieht, sondern für die nächsten 900 m auf Fußwegen entlang der Straße.

400 m weiter, am besonders bei Sonnenschein sehr eindrucksvollen **Königshütter Wasserfall** ❹ (km 8,7) (links der Straße) befinden sich in einem kleinen Park zwei 🛖 Schutzhüttchen und mehrere 🪑 Tische und Bänke. Der künstliche Königshütter Wasserfall liegt an der Südostflanke des Rabensteins. Das Wasser wird wie ein Schleier über die Wände eines ehemaligen Steinbruchs geleitet. Besonders in den Mittagsstunden strahlt er in vollem Sonnenlicht.

Folgen Sie der B27 nun links der Kalten Bode durch **Rothehütte**. Biegen Sie am Ende der Geraden kurz rechts auf die L98 Richtung Tanne ab und gehen Sie noch vor der Kalten Bode links in den asphaltierten Weg (Am Klingenberg).

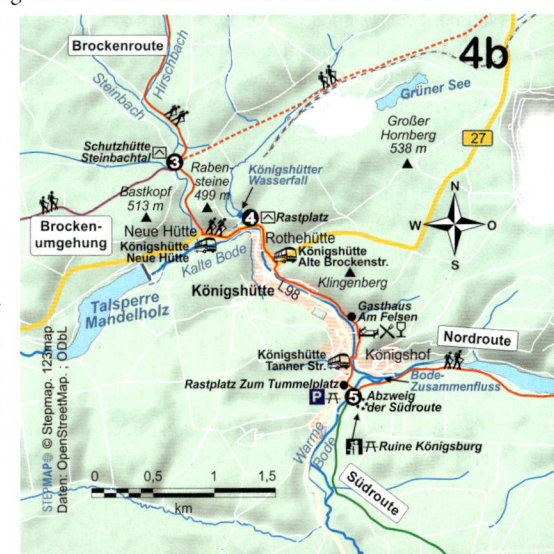

Nach 100 m zweigt halb rechts ein unscheinbarer Grasweg ab (✎), dem Sie folgen. Auf einem Pfad erreichen Sie die 🛏 ✕ ♀ Gaststätte Am Felsen (km 9,9) unterhalb des Klingenbergs.

🛏 ✕ ♀ Hotel & Restaurant **„Am Felsen"**, Ackertklippe 4, 38875 Elbingerode, OT Königshütte, ☎ 03 94 54/431 63, ✉ rezeption@am-felsen.de, 🖥 www.am-felsen.de, DZ ab € 68, EZ ab € 46, der Gasthof liegt schön und ruhig an der Bode, direkt unterhalb einer steilen Felswand.

Sie folgen dem Sträßchen Ackertklippe bis zur Abzweigung „Am Katzenberg" (✎, km 10,3) und wechseln dort nach rechts auf die andere Flussseite (gegenüber liegt die Pension Königshof).

🛏 Pension Königshof, Friedensstraße 22, 38875 Stadt Oberharz am Brocken, OT Königshütte, ☎ 03 94 54/521 46, ✉ rezeption@pension-koenigshof.de, 🖥 www.pension-koenigshof.de, DZ ab € 62, EZ ab € 40

Nach links, neben der Straße, gehen Sie gut 200 m weiter. Nur wenig weiter östlich – von hier nicht sichtbar – vereinigen sich die **Kalte und die Warme Bode**, bevor sie als **Bode** von der Überleitungssperre Königshütte aufgestaut werden.

An einem 🅿 Parkplatz befinden sich zwei ⊤ Tisch-Bank-Kombinationen auf dem Rastplatz **„Zum Tummelplatz"** und auf einer Brücke über die Warme Bode führt der ✎ Hexenstieg wieder an das gegenüberliegende Ufer ❺ (km 10,7). Die Brücke wurde nach starker Beschädigung erneuert und ist nun wieder begehbar.

Hexenstiegteilung: Direkt hinter der Brücke teilt sich der Hexenstieg nach links in die schöne Nordroute (die ich hier als Hauptweg präsentiere) und nach rechts in die ebenso schöne Südroute über Hasselfelde (die ich weiter hinten als Variante 4.1 & 4.2 beschreibe).

Die Varianten sind an der Abzweigung ausführlich beschrieben und ausgeschildert.

Sie folgen der Beschilderung nach links. Nach gut 200 m bezieht sich eine Tafel auf den Zusammenfluss der von Süden kommenden **Warmen Bode** mit der nördlichen **Kalten Bode**. Tatsächlich besteht ein Unterschied von etwa 2° C in der Wassertemperatur. Der Flussname leitet sich von „Bodo" ab, der an der

Ein gut ausgebauer Weg führt Sie an der Bode entlang

Rosstrappe (☞ 6. Etappe, Thale) bei der Verfolgung von Brunhilde ein unrühmliches Ende fand.

Etwas oberhalb befinden sich die kärglichen Überreste – Bergfried, Gräben und Wälle – der sog. **Königsburg**, einer ehemaligen ♜ Adelsburg aus dem 14. Jahrhundert, die über einen steilen Weg erreicht werden kann.

🏞 Die Aussicht von oben reicht über den Ort bis hin zum Brocken.

Die kleine Burg diente als Grenzsicherung des Halberstädter Gebiets zum Wernigeröder Gebiet.

Links weitet sich das Tal, die Landschaft wird offener und auch die Bode wird immer breiter. Bald geht sie in den lang gestreckten Stausee mit dem unromantischen Namen **Überleitungssperre** über (diese nennt sich aber auch **Talsperre Königshütte**). Der Weg führt wieder in einen Wald hinein und verläuft rechts oberhalb des Seeufers.

An einem kleinen 🅿 Parkplatz für Angler, 2,4 km hinter der Wegteilung, befindet sich eine ⛺ Schutzhütte. Direkt unterhalb weist ein Schild auf die einst große Bedeutung der inzwischen überfluteten **Trogfurter Brücke** hin. An der nächsten Gabelung halten Sie sich halb links (✎).

Die Staumauer ist bei Etappenkilometer 13,5 erreicht und Sie gehen weiter geradeaus. Links unter Ihnen fließt romantisch die Bode. Nach 600 m liegt links unterhalb des Weges eine weitere kleine ⌂ Schutzhütte.

Bei km 14,2 weist ein Schild auf die ♜ Burgruine **Susenburg** hin, die bereits 1265 erwähnt wurde und dem Schutz einer seit 913 stark frequentierten Handelsstraße diente. Leider ist heute kaum noch etwas davon zu sehen. Man vermutet, dass Teile des Bergfrieds 1740 zum Bau der steinernen Brücke an der Trogfurt verwendet wurden.

> Der **Trockweg**, den die Susenburg schützte, überquerte schon im 10. Jahrhundert den Harz von Nord nach Süd. Er querte Bode und Rappbode und führte als Königsweg auch zu den royalen Jagdhöfen in Hasselfelde und Bodfeld (bei Königshütte). An den Furten befanden sich kleine Höfe, die Pferde zum Vorspannen bereithielten, wenn ein Fuhrwerk den Fluss durchqueren wollte. Auch Heinrich der Löwe zog im Jahr 1194 hier vorbei. Beim Queren der Bode an der Trogfurt stürzte er unglücklich und brach sich ein Bein.

Der Hexenstieg wendet sich 500 m weiter kurz von der Bode weg und ✋ biegt nach einer kleinen Steigung vom Hauptweg nach links ab (🧭, ⌘). Kurz darauf tritt er wieder aus dem Wald heraus. Unten hören Sie wieder die Bode rauschen und gegenüber sehen Sie den Hang einer riesigen Bergwerksabraumhalde emporragen. Von einer freien Stelle aus sind die roten Dächer der Ortschaft Susenburg zu sehen.

Der Weg führt am steilen Hang entlang durch Schieferfelsen. Immer wieder können Sie die schönen Ausblicke genießen.

Gut 100 m nach einer Einmündung auf eine größere Piste wird der schmale Tiefenbach überquert ❻ (km 16,5). Der 🧭 Hexenstieg folgt ihm nach rechts in den Taleinschnitt hinein bergauf.

✋ Das entsprechende Schild ist zuerst etwas schlecht zu sehen, da davor Büsche wachsen.

800 m weiter kreuzt ein Bach den Weg. Mehrere Holzrückespuren münden hier.

✋ Biegen Sie direkt hinter dem Seitenbach links ab und gehen Sie im Fichtenwald aufwärts (🧭 Markierung leicht zu übersehen).

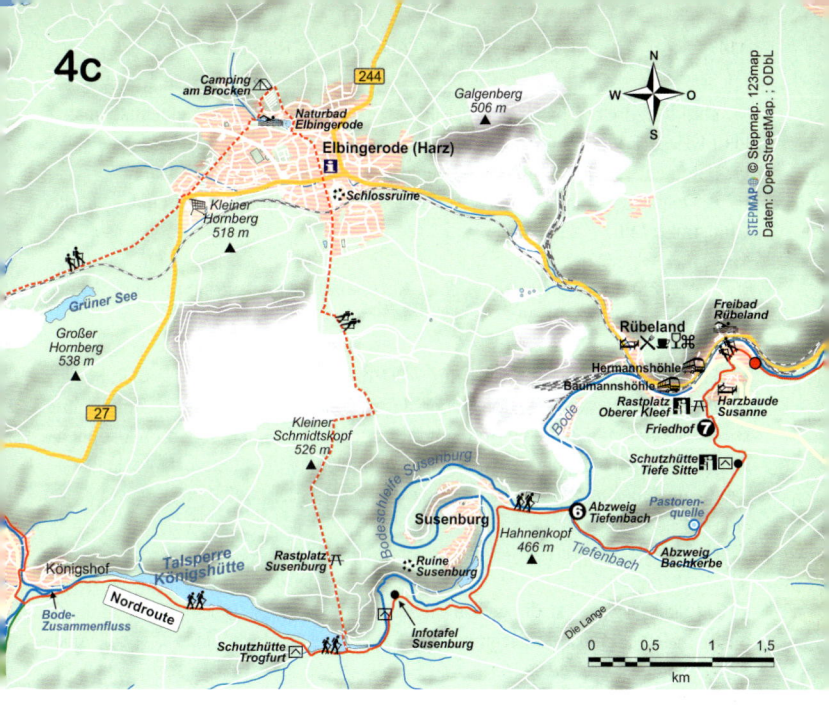

Nach weiteren 500 m kreuzt ein Schotterforstweg und links ist 20 m entfernt die **Pastorquelle** zu sehen. Sie gehen weiter geradeaus bergan. Der grasige Waldweg wird flacher, führt über die Kuppe hinweg und danach abwärts.

Hinter der Kuppe liegt die 🛖 Schutzhütte „**Tiefe Sitte**" (km 18,4) mit 🪧 Ausblick bis zum Brocken.

Kurz nach der Hütte halten Sie sich halb links, kurz danach am 🪧 Schilderbaum wieder links. „Rübeland 1,3 km" ist ausgeschildert. Der grasbewachsene Schotterweg windet sich talwärts.

An einem Wegstern liegt ein **Friedhof** mit einer roten Holzkirche und einem russischen Ehrenmal ❼ (km 19,0). Lassen Sie den Friedhof links liegen, wenden Sie sich am Ende des Zauns kurz links und folgen Sie dann schräg gegenüber des Friedhofseingangs rechts den Schildern „Hexenstieg".

150 m weiter an einem Wegdreieck, dem ⛱ **Rastplatz Oberer Kleef**, gibt es eine Bank und ein originelles Bienenhotel in einem großen aus Holz geschnitzten Bären. Dahinter ist 🪧 „Brockenblick 100 m" ausgeschildert, ein ↪ Abstecher zum besuchenswerten Aussichtspavillon Hoher Kleef.

4. Etappe: Schierke (Ahrensklint) – Rübeland

Vom Wegdreieck halten Sie sich halb rechts und tauchen auf einem schmalen Pfad wieder in den Wald ein.

Bald liegt rechter Hand das Eingangstor zur ⇒ **Harzbaude Susanne**.

An einer Verzweigung führt der Pfad halb links hinunter und kreuzt dann die **Landstraße L96**.

✋ Die Stelle liegt unterhalb einer Kurve und ist für Autofahrer und Motorräder sehr unübersichtlich.

Sie können hier schon links ins 400 m entfernte Zentrum von Rübeland abbiegen. Der Hexenstieg folgt aber auf der anderen Straßenseite der Wohnstraße **Bergfeld** hinab an die Bode und trifft dort auf den querenden **Philosophenweg (km 20)**. Hier liegt der offizielle Endpunkt der 4. Etappe. Links liegt das Zentrum Rübelands, rechts beginnt die 5. Etappe.

Rübeland

⇧ 400 m, ca. 1.400 Ew. ✉ 38889

- **ℹ** Touristinformation Elbingerode (im Nachbarort), ☎ 03 94 54/894 87, ✉ elbingerode@oberharzinfo.de, 🖳 www.oberharzinfo.de, 🕑 Mo, Di, Do, Fr 9:00-16:00, Sa 9:00-12:00
- ⇒ ✕ 🍷 Hotel-Restaurant Bodetal, Blankenburger Str. 39, ☎ 03 94 54/401 70, FAX 03 94 54/401 73, ✉ info@hotel-ruebeland.com, 🖳 www.hexenstieg-hotel-ruebeland.de, EZ ab € 48, DZ ab € 75, schräg gegenüber dem alten Bahnhof liegt dieses traditionelle Harzer Holzhaus.
- ⇒ Pension Harzbaude Susanne, Hasselfelder Str. 5, ☎ 03 94 54/435 05 oder 📱 01 75/548 71 55, ✉ harzbaude@aol.com, preiswerte Apartments mit Frühstück, EZ ab € 32, DZ ab € 55, das Haus liegt am Hexenstieg unmittelbar vor Rübeland.
- ⇒ ■ Eiscafé & Pension Numero 1, Blankenburger Str. 27, 📱 01 75/511 90 37, ✉ info@numero-1.de, 🖳 www.numero-1.de, DZ ab € 55, die Pension liegt zentral im Ort.
- ⛺ In Rübeland selbst gibt es keinen Campingplatz, aber im nahen Elbingerode, ☞ Camping am Brocken, Abstecher vom Steinbachtal bei km 7,6.
- ☺ Weitere Übernachtungsbetriebe in Rübeland vermittelt die ☞ Tourist-Info im Nachbarort Elbingerode.
- ✕ ■ 🍷 Im Ort gibt es mehrere Cafés, Kneipen und Restaurants. Es finden sich auch einige Kioske mit Außengastronomie. Dort versorgt man die zahlreichen Tagesausflügler mit Waffeln, Eis, Getränken etc.

Das Hotel Bodetal in Rübeland

Der ehemalige **Bergbauort Rübeland** wurde erstmalig 1320 erwähnt und liegt im Tal der Bode. Die Bezeichnung leitet sich von dem früheren Namen Roveland (= raues Land) ab. Seit dem späten Mittelalter wurde im Gebiet um Rübeland Eisenerz abgebaut.

Hier sind zwei große Sehenswürdigkeiten des Harzes zu besichtigen – die beiden ⚜ ⌘ **Tropfsteinhöhlen** Hermannshöhle und Baumannshöhle. Über Hunderttausende von Jahren haben sich in diesen Höhlen durch ständig tropfendes kalkhaltiges Wasser zahlreiche und sehr große Tropfsteine gebildet. Die Höhlen sind auch Heimat für interessante und seltene Tiere wie Grottenolme und Fledermäuse. In der Baumannshöhle fand man Knochen des Höhlenbärs sowie steinzeitliche Werkzeuge. Die prächtigen Höhlen und die karstige Landschaft lockten schon früh Reisende an. So wurde Rübeland einer der ersten Fremdenverkehrsorte im Harz.

⚜ ⌘ Die später nach ihm benannte **Baumannshöhle** wurde 1536 von Friedrich Baumann entdeckt und lockt seitdem viele Besucher an. Goethe war sogar dreimal hier! Der größte Raum ist etwa 60 x 40 m groß. Hier gibt es auch einen kleinen Höhlensee und eine Naturbühne, die regelmäßig genutzt wird. In späteren Jahren wurden weitere Tropfsteinhöhlen gefunden, die noch mehr Touristen neugierig machten.

Die **Hermannshöhle** wurde erst 1866 entdeckt. Sie ist wesentlich größer als die Baumannshöhle und wird sogar von einem Höhlenbach durchquert, der in die Bode fließt. Der Bach arbeitet weiter an der Bildung neuer Hohlräume. In einem künstlich angelegten See leben Grottenolme.

> Baumannshöhle und Hermannshöhle liegen etwa 300 m voneinander entfernt an der Blankenburger Str., ☏ 03 94 54/491 32,
> 💻 www.harzer-hoehlen.de/baumanns-hermannshoehle, Tickets lassen sich online buchen. Einlass zur letzten Führung im Juni, September, Oktober 16:30, im Juli und August 17:30. Da die Öffnungszeiten je nach Datum differieren, sollten Sie für Ihre aktuelle Planung das Internet zu Rate ziehen oder bei den Höhlen anrufen. Die Führungen dauern je Höhle ca. 50 Min. und finden nach Bedarf ca. halbstündlich oder stündlich statt. Bei Regenwetter ist der Besucherandrang größer als sonst. Eintritt je Höhle € 8, es gibt verschiedene Ermäßigungen. Der Eintrittspreis berechtigt zum Besuch einer Tropfsteinhöhle mit Führung. Weitere Höhlen sind nicht für die Öffentlichkeit freigegeben. Die Baumannshöhle liegt schräg gegenüber dem alten Bahnhof, die Hermannshöhle an der Bodebrücke neben dem Bahnhof.

Die **Rübelandbahn** verband nach 1886 Blankenburg mit Rübeland, Elbingerode, Königshütte und Tanne sowie mit einer Stichstrecke Drei Annen Hohne. Leider wurde sie zwischen 1969 und 2005 sukzessiv stillgelegt.

Variante 4.1: Südumgehung: (Schierke –) Königshütte – Hasselfelde

➲ *13,0 km*, ⌛ *3 Std. 30 Min.*, ↑ *170 m*, ↓ *150 m*, ⇧ *330-500 m*
(zzgl. Ahrensklint bei Schierke – Königshütte ➲ *km 10,7,* ⌛ *2 Std. 30 Min.)*

0,0 km	⇧ 440 m	Königshütte (Wegteilung Hexenstieg)
5,5 km	⇧ 450 m	Rappbodevorsperre (Staumauer)
10,0 km	⇧ 465 m	Schutzhütte Hasselvorsperre
13,0 km	⇧ 460 m	Hasselfelde (St.-Antonius-Kirche)

Die Südroute über Hasselfelde ist eine schöne Alternative zum Hauptweg. Das Gelände ist – besonders ab Hasselfelde – etwas offener und es gibt häufiger Aussichtspunkte als auf der Nordroute. Die beiden Stauseen der Rappbode- und der Hasselvorsperre betten sich wunderbar harmonisch in die Landschaft ein. Auf der Südroute erreichen Sie das Bodetal später, aber noch oberhalb der spektakulären Bodeschlucht. Dafür müssen Sie aber auf Rübeland mit seinen Höhlen und auf viele schöne Waldpfade im oberen Bodetal verzichten.

Die Südroute beginnt an der Brücke bei Königshütte über die Warme Bode (☞ 4. Etappe, km 10,7, Wegteilung Hexenstieg). Die Route ist perfekt ausgeschildert und wie der Hauptweg mit der bekannten Hexe markiert. Diese trägt manchmal zusätzlich das grüne „S" für Südumgehung. Auch mit Schutzhütten – meist als Nurdachhaus mit zwei Bänken konstruiert – ist die Südroute besonders gut bestückt.

Sofern Sie sich an die vorgeschlagene Etappeneinteilung halten, beginnt die Variante 4.1 nach dem dritten Wandertag, also bei Schierke.

☞ Die Wegbeschreibung von Ahrensklint bei Schierke bis hinter Königshütte finden Sie bei der 4. Etappe.

Mehrere Seen säumen die Südroute

Vom Tummelplatz über die Brücke kommend folgen Sie an der ✎, gut beschilderten **Wegteilung** ❺ der Variante nach rechts (km 0 dieser Etappenbeschreibung, km 10,7 ab Schierke (Ahrensklint)). Nun befinden Sie sich auf der Südroute.

Der Hexenstieg verlässt 800 m weiter in einer weiten Linkskurve das **Bodetal** und steigt zunächst stetig bergan, bevor er alsbald wieder eben verläuft. Wenn Sie sich am höchsten Punkt umdrehen, können Sie von hier den 🏰 Brocken sehen.

Über breite Forstwege erreichen Sie, ohne abzubiegen, die Kreuzung mit dem Höhenweg Die Lange (⌂ ⊥) (km 2,9). **Die Lange** verläuft auf einer Wasserscheide und war einst ein wichtiger Handelsweg. Eine Tafel weist auf den „Weg der Könige" hin.

Weiter geradeaus, dann in einem weiten Bogen nach links und in einem weniger weiten Bogen nach rechts führt der Forstweg Sie hinab in das **Rappbodetal**.

Von einer ⊥ Bank (km 5,2) können Sie den 🏰 Ausblick auf die **Staumauer** genießen (Informationen zu den Stauseen: ☞ Pumpspeicher-Kraftwerk Wendefurth, 5. Etappe, km 4,4). Bald danach überqueren Sie den Damm (✎) und steigen auf der anderen Seite nach rechts sanft bergan.

Gut 200 m nach der Staumauer erreichen Sie eine ⌂ Schutzhütte ❻ (km 5,9). Hier führt der Hexenstieg über einen Wurzelpfad steil rechts hinauf. Oben belohnt eine ⊥ Bank mit 🏰 **Aussicht auf den See** die Mühe.

Weiter über den Waldpfad passieren Sie in einer scharfen Linkskurve einen weiteren lohnenden 🏰 Aussichtspunkt. Es geht nun wieder abwärts. Der Pfad geht fast unmerklich in eine etwas breitere grasbewachsene Treckerspur über und steigt erneut sanft an.

Am Ende der Steigung erreichen Sie die ⌂ Schutzhütte an der **Trageburg** (km 6,8).

✋ Biegen Sie hier nach rechts auf den Pfad ab (✎).

Sofort bekommen Sie freien 🏰 Blick auf den tief unten gelegenen See. Zwei ⊥ Bänke laden zum Verweilen ein.

Dem Pfad weiter hinab in einen Graben folgend finden Sie sich unversehens in der alten ♜ Trageburg wieder. Von der Ruine ist allerdings kaum noch etwas übrig. Trotzdem versprüht dieser Ort durch seine spektakuläre Lage auf einem hohen Felsen über dem See eine gewisse Magie. Geschützte, kleine Grasflächen bieten tolle Picknickplätze.

Die Geschichte der zerstörten **Trageburg** (auch Draburg) liegt ziemlich im Dunkeln. Sie wurde vermutlich im 13. Jahrhundert angelegt und fungierte wie die Susenburg als Schutz und zur Kontrolle der alten Fernhandelsroute Trockweg (Susenburg & Trockweg, ☞ 4. Etappe, km 14,2) über die Große Trogfurt (über die Bode) und die Kleine Trogfurt (über die Rappbode). Wälle und Gräben sicherten die innere Burganlage.

Im 15. Jahrhundert erblühte der Bergbau (Silber, Kupfer, Eisen) in der Umgebung, wie im nahen Trautenstein. Auch für die Sicherung der Gruben wird die Trageburg genutzt worden sein. Zuletzt erwähnt wird die Burg im 18. Jahrhundert. Die unterhalb der Burg gelegene Kleine Trogfurt verschwand 1960 in den Fluten der Rappbodevorsperre.

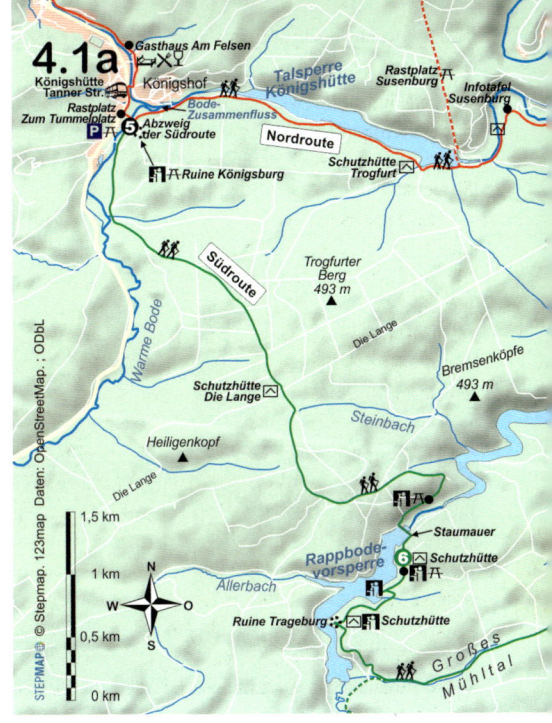

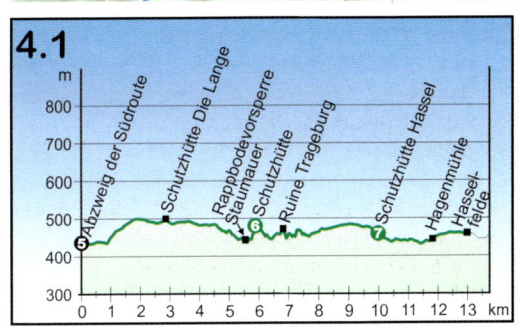

In der Trageburg stehen keine Wanderschilder. Die Route folgt einem schmalen Pfad. Er zieht sich aus der Trageburg mit Blick auf den See nach links (Südosten) hinaus und führt wenige Meter unterhalb der beiden o. g. Bänke im Hang weiter.

Der Pfad biegt bald nach Süden um und zieht sich weiter durch den steilen Hang über dem See, bis er wieder auf den Forstweg (km 7,4) trifft, dem Sie nach rechts folgen. Sie ignorieren alle Abzweigungen und der Weg bringt Sie über die **Wasserscheide** zwischen Rappbode und Hassel.

Eine Tafel erläutert die Geschichte der Trageburg

Bei km 7,7 können Sie nach rechts einen Abstecher in den hübschen kleinen Ort **Trautenstein** (🛏 ✕ 🍷 ⌘ ✞) einschieben, der 2 km (30 Min.) vom Hexenstieg entfernt liegt. Ohne abzubiegen bringt Sie der Weg (🔖 „Trautenstein") dorthin.

Trautenstein liegt schön im Rappbodetal und besitzt eine sehenswerte barocke Fachwerkkirche mit Holztonnengewölbe, Hufeisenempore und malerischer Orgel. Die Kirche wurde 1701 auf einem Felsriegel errichtet, dem Druidenstein. Hier wurden noch im Mittelalter heidnische/germanische Kulte gepflegt. Der Druidenstein gab dem Ort auch seinen Namen.

Unweit davon entfernt liegt das Hotel-Restaurant Druidenstein.

🛏 ✕ Hotel-Restaurant Druidenstein, Hasselfelder Str. 6, 38899 Hasselfelde,
☎ 03 94 59/73 94 94, ✉ info@hoteldruidenstein.de, 🖥 www.hoteldruidenstein.de,
EZ ab € 29, DZ ab € 50, das Restaurant bietet deutsche und holländische Küche.

4.1b

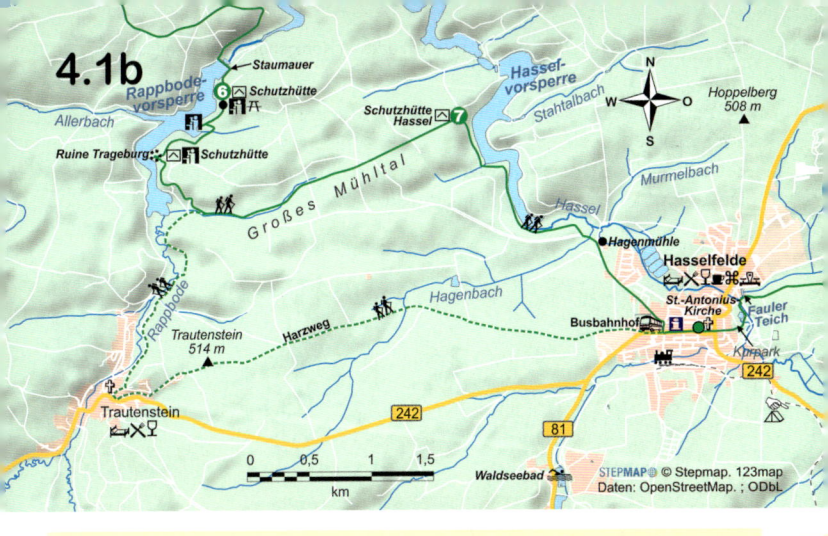

> 🏊 Südlich des Dorfes liegt im Dammbachtal ein Naturschwimmbad.
>
> 😊 Alles in allem ist Trautenstein eine attraktive Übernachtungsalternative zu Hasselfelde.
>
> Zurück zum Hexenstieg gehen Sie auf dem Hinweg oder Sie wandern weiter nach Hasselfelde über den gerade nach Osten verlaufenden Harzweg (✏️ „32E"). Dann ist die Strecke nicht länger als die ohne Abstecher, Sie verpassen aber den schönen Stausee der Hassel.

Nach einer langen geraden Gefällstrecke liegt links die 🏠 Schutzhütte ❼ (km 10,0) vor der – durch dichten Wald noch nicht sichtbaren – **Hasselvorsperre**.

An der Hütte biegt der Hexenstieg rechts ab. Bald schon leuchtet der **wunderschöne See** von links durch die Bäume. Gegenüber ragen steile Felswände aus dem Wasserspiegel heraus. Die meist ruhige Oberfläche reflektiert die Uferzone mit ihren abwechslungsreichen Gehölzen. Besonders im Herbst wird das zu einem wahren Farbspektakel.

Der Forstweg führt immer am Stausee entlang und wird bald zu einer grasigen Treckerspur, später zum Pfad. Hinter dem See liegen links vom Weg die weiten Wiesen der **Hasselaue**. Bald darauf mündet die Route in einen geschotterten Feldweg, dem Sie nach halb links folgen.

Vor Ihnen liegt die Hagenmühle (km 11,8), einst eine vom Hagenbach angetriebene Wassermühle.

Das Hotel-Restaurant Hagenmühle ist geschlossen. Dahinter findet sich aber eine Gruppe von Ferienhäusern in attraktiver Lage.

Die Hagenmühle an der Birkenallee

🛏 Die Ferienhäuser werden von unterschiedlichen Inhabern verwaltet. Für eine einzelne Übernachtung sind sie aufgrund hoher Zuschläge eher nicht geeignet. Sollten Sie sich trotzdem dafür interessieren, bekommen Sie entsprechende Infos bei der ☞ Touristinformation in Hasselfelde.

Folgen Sie der Birkenallee namens Hagenstraße nach **Hasselfelde** hinein. Links liegt der Friedhof, bald darauf rechts in einer Kurve der 🚌 Busbahnhof. Folgen Sie der Kurve nach rechts und Sie erreichen nach ein paar Schritten die Hauptstraße (B242, Breite Straße, km 12,7).

Sie wenden sich nach links und sehen schon die **St.-Antonius-Kirche**, auf die die Breite Straße zuläuft. Auf der linken Straßenseite liegt die Touristinformation.

Wenn Sie vom Busbahnhof geradeaus weiter in die Bahnhofsstraße hineingehen, erreichen Sie nach 250 m den Bahnhof von Hasselfelde (☞ Reise-Infos von A bis Z, Harzer Schmalspurbahnen).

Auf dem Marktplatz vor der St.-Antonius-Kirche ist das Ziel der Etappe bei Etappenkilometer 13,0 erreicht.

Hasselfelde

⇧ 460 m, 3.000 Ew., 38899

- **ℹ** Touristinformation, Breite Straße 17, ☏ 03 94 59/713 69,
  ✉ hasselfelde@oberharzinfo.de, 🖥 www.hasselfelde.de, Mo, Di, Do, Fr 9:00-16:00
- 🛏✗🍷 Hotel Zur Krone, Breite Straße 22, ☏ 03 94 59/739 80,
  ✉ hotel@krone-harz.de, 🖥 www.krone-harz.de, EZ ab € 51, DZ ab € 85, das Hotel, untergebracht in einem Backsteingebäude, liegt im Zentrum des Ortes.
- 🛏 Ferienzimmer Wenzel, Salzmarktstraße 5, ☏ 03 94 59/711 00, EZ ab € 30, DZ ab € 50, auch hier wohnt man zentral.
- ⛺ Campingplatz & Gästehaus Domäne Stiege, Domäne 1, ☏ 03 94 59/703 33,
  ✉ info@domaene-stiege.de, 🖥 www.domaene-stiege.de, der Campingplatz liegt zwischen Hasselfelde und Stiege, 2,3 km von Hasselfelde entfernt. Gehen Sie dazu wie in der nächsten Etappe beschrieben in den Kurpark. Hier wenden Sie sich rechts und folgen dem Feldweg Richtung Südosten, immer parallel zum Fluss Hassel und zur B242. Nach Querung einer Stromtrasse liegt halb rechts die Domäne mit dem Campingplatz.
- ☺ Weitere Ideen zu Übernachtungen in Hasselfelde und Umgebung liefert Ihnen die ☞ Touristinformation.
- ✗🍷🍺 Von der Eisdiele über die Dönerbude (beide an der Hauptstraße) bis zum Café (z. B. in der Salzmarktstraße) oder Restaurant finden Sie in Hasselfelde verschiedene Gastronomiebetriebe.

Hasselfelde ist ein ruhiges kleines Städtchen an der Hassel. Wiesen und Felder prägen das Hochplateau, auf dem der Ort liegt. Er wurde erstmalig Mitte des 11. Jahrhunderts urkundlich erwähnt und erhielt 1222 das Stadtrecht. Zur Entstehung des Marktortes trug die Kreuzung der beiden Handelswege Trockweg (in Nord-Süd-Richtung) und Hoher Weg (in West-Ost-Richtung) bei. Außerdem gab es hier einen königlichen Jagdhof und bis 1298 ein Kloster.

Die Stadt brannte im Laufe der Jahrhunderte mehrfach vollständig ab, sodass kein Gebäude aus der Zeit vor 1890 stammt. Sehenswert ist die St.-Antonius-Kirche am Marktplatz, die nach den Bränden mehrfach wiederaufgebaut wurde. Schöne Holz- und Fachwerkhäuser prägen die Innenstadt.

Heute ist Hasselfelde beliebt bei Wanderern, die den lieblichen Ostharz schätzen.

Im ⌘ Haus des Gastes wurde ein ⌘ Heimatmuseum eingerichtet, das die Wohngegebenheiten Ende des 19. Jahrhunderts zum Thema hat.

⌘   Heimatmuseum, Breite Str. 17, 🕮 Di15:00-17:00 oder nach Vereinbarung, Kontakt über die Tourist-Info

⌘ 🚂   Die Selketalbahn (☞ Reise-Infos von A bis Z, Harzer Schmalspurbahnen) macht einen Abstecher von Stiege, an der Hauptstrecke Wernigerode – Quedlinburg, aus nach Hasselfelde. Leider ist die Gaststätte im hübschen Bahnhof geschlossen, was sicherlich auch mit dem recht dünnen Fahrplan zu tun hat. Dreimal täglich fahren Triebwagen und einmal täglich am späten Nachmittag ein dampflokbetriebener Zug die Stadt an. Ca. 20-25 Min. später fahren sie wieder nach Stiege zurück und weiter, z. B. nach Harzgerode oder Nordhausen. Am Bahnhof sind u. a. ein Schneepflug der Deutschen Reichsbahn sowie ein Lokomotivkessel ausgestellt.

Auf die Dampfeisenbahn stößt man im Harz immer wieder

≋   Das Waldseebad in Hasselfelde liegt sehr schön und strahlt ein naturnahes Ambiente aus. Es liegt an der B81 Richtung Ortsteil Rotacker, 2 km über einen Fußweg vom Zentrum entfernt.

♦   Waldseebad, ☎ 03 94 59/712 91 (oder über DLRG Wernigerode,
    ☎ 039 43/60 75 30), 🕮 Juni-August wochentags 12:00-18:00, Sa, So und in den Ferien 10:00-18:00, kann je nach Witterung verlängert oder verkürzt werden

Westernstadt Pullman City, Am Rosentale 1, ☎ 03 94 59/73 10, www.westernstadt-im-harz.de, So-Do 10:00-23:00, Fr-Sa 10:00-1:00 des Folgetages, unmittelbar vor den Toren Hasselfeldes liegt diese Touristenattraktion. Besucher können hier im Osten Deutschlands in die Atmosphäre des Wilden Westens Amerikas eintauchen. Westernshows, Indianeraufführungen, Goldschürfen, Gewehr- und Bogenschießen, Reiten, Kutschfahrten sowie viele weitere Erlebnisse rund um das Thema Wilder Westen bietet der Freizeitpark an.

Variante 4.2: Südumgehung: Hasselfelde – Altenbrak (– Treseburg)

➲ 10,3 km, ⏳ 3 Std., ↑ 85 m, ↓ 220 m, ↕ 320-495 m
(zzgl. Altenbrak – Treseburg, ➲ 5,6 km, ⏳ 1 Std. 15 Min.)

0,0 km	↕ 460 m	Hasselfelde (St.-Antonius-Kirche)
6,3 km	↕ 480 m	Harzköhlerei Stemberghaus ⌘ ✕ ℗
8,8 km	↕ 420 m	Schutzhütte Schöneburg
10,3 km	↕ 325 m	Altenbrak (Vereinigung mit Nordroute)

Dieser Teil des Hexenstiegs ist auch als Köhlerpfad bekannt. Die Schauköhlerei und das Köhlermuseum am Stemberghaus lassen die wichtige Energieerzeugung alter Zeiten lebendig werden. Immer wieder weisen Tafeln am Weg auf die Spuren der Köhlerei und deren Bedeutung für die Metallverhüttung hin.

Die Route führt anfangs durch offenes Gelände, später durch attraktive Mischwälder mit Eichen, Buchen, Birken, Fichten und Ahorn – diese leuchten im Herbst in vielen Farben und tragen im Frühling frisches Grün. Tolle Ausblicke genießt der Wanderer von der Schöneburg, bevor sich die Route ins Bodetal hinabsenkt. Nach dem Treffen mit der Nordroute könnten Sie in Altenbrak übernachten oder – wenn Sie meiner Etappenvorschlag folgen – bis Treseburg weiterwandern.

Gehen Sie vom Marktplatz um die Kirche herum, queren Sie die Steile Straße und gehen Sie in die Kurparkstraße (in manchen Karten Schulstraße) hinein. An deren Ende erreichen Sie über eine Treppe den **Kurpark**.

Halb links der Beschilderung (✎ schon hier ist Altenbrak ausgeschildert) folgend lassen Sie einen Teich links liegen. Kurz darauf geht es rechts über eine Holzbrücke und danach wieder links. Vor einem Felsriegel biegen Sie nach rechts.

✼ Hier unterhalb des Käsebergs steht in der Kurve ein **Gedenkstein**, der an Gefallene (60 amerikanische und 30 deutsche) Soldaten des Zweiten Weltkriegs erinnert. Die Kämpfe dauerten mehrere Tage. Die Waffen-SS hatte Hasselfelde zur Festung erklärt, da die umliegenden bewaldeten Hügelrücken gut zur Verteidigung geeignet schienen.

Auf dem **Käseberg** (Kaiserberg) stand die Burg der Vögte von Hasselfelde, die um 1150 erbaut wurde. Der umliegende Besitz gehörte den Grafen von Blankenburg und Regenstein. Mitte des 13. Jahrhunderts bekam Hasselfelde die Stadtrechte verliehen und die Burg verlor an Bedeutung. 1346 wurde sie bei einem Angriff auf die Stadt durch die Grafen von Hohnstein zerstört.

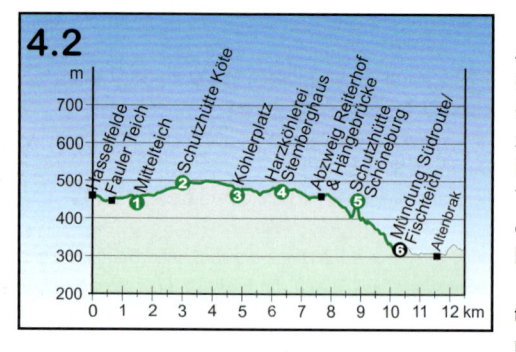

Gleich nach der Abzweigung liegt links der **Fauler Teich** (km 0,6). Der Hexenstieg zweigt bald darauf halb links (✎) in einen Trampelpfad ab. An dessen Ende geht es links weiter (✎).

Rechts liegt der **Mittelteich ❶**. Dieser kleine See wirkt sehr einladend und es gibt auch ein paar ⊼ Bänke. Das Baden ist nicht erlaubt. Einheimische erzählen, im See läge noch Munition von den o. g. Kämpfen des Zweiten Weltkriegs. Die dortigen Angler ziehen aber vermutlich anderes am Haken aus dem Wasser.

Hinter dem Mittelteich geht es rechts ab. Der Hexenstieg führt weiter auf unbefestigten Wirtschaftswegen zwischen Wiesen und Feldern auf den bewaldeten **Hohen Berg** zu, wo damals die Kämpfe tobten. Heute sind Bussarde und Milane hier die Herren der Lüfte. Sie schätzen den Wechsel von Wald, Wiesen und Feldern.

Biegen Sie bei km 2,0 im rechten Winkel nach links ab und wandern Sie unterhalb des Berges am Waldrand auf dem Köhlerstieg weiter. Von hier aus können Sie halb links in etwa 800 m Entfernung die Anlage der 🎡 **Pullman City**, ein Western-Erlebnispark, ausmachen.

4.2

An einer ⌂ Schutzhütte im Stil einer alten Köhlerhütte (**Köte**) ❷ (km 3,0) schwenkt der Weg nach rechts und stößt nach etwa 300 m auf eine Landstraße, der Sie nach links folgen. Nach gut 200 m biegen Sie rechts in einen Waldweg (🠦) ein.

Nach 450 m auf dem Waldweg kreuzen Sie eine **Stromtrasse**.

> Sie könnten nun auch für die nächsten 2 km der Stromtrasse folgen. Auch wenn die Masten keinen optischen Gewinn darstellen, die Trasse selbst ist eine attraktive Lichtung mit naturnahen Wiesen und Gehölzen aus niedrigen Birken, Ahorn, Eichen und anderen Laubbäumen. Die Fläche wird beweidet und das Gras ist oft so kurz, dass Sie dort bequem gehen können. Wenn Sie im Sommer keinen Sonnenstrahl versäumen wollen oder im Winter vielleicht mit Schneeschuhen unterwegs sind, kann die Trasse eine Empfehlung sein. Nach einer langen Steigung quert die Trasse einen Schotterforstweg. Dies ist der Hexenstieg bei dessen km 6,7. Sie folgen ihm nach rechts. Wenn Sie aber die Harzköhlerei nicht versäumen wollen, müssen Sie sich schon 500 m früher links auf den Hexenstieg einfädeln, der öfter die Trasse berührt.

500 m hinter der Stromtrasse biegen Sie in einer Rechtskurve unter einer großen Eiche links ab () auf den Siebengründeweg. Nach einem Gefällstück liegt links eine alte Köhlergrube (Erdmeiler) ❸. Über den Siebengründeweg (auch Kohlweg) wurde die Holzkohle zu den Eisenhütten gebracht, wo man die Kohle wegen ihrer hohen Brenntemperaturen zum Schmelzen von Erz brauchte.

An der nächsten Kreuzung geradeaus und später erst links und sofort wieder rechts folgen Sie der ausgezeichneten Beschilderung von Köhlerweg und Hexenstieg.

Der Weg führt 120 m hinter einem weiteren **Erdmeiler** fast bis an die B81 heran, schwenkt davor aber rechts ab und nach weiteren ca. 300 m ist die **Harzköhlerei Stemberghaus** ❹ (km 6,3) erreicht. Die Köhlerei ist noch in Betrieb, stellt Holzkohle auf traditionelle Art in Erdmeilern her und kann besichtigt werden.

Holzkohle war bis zum Beginn des 19. Jahrhunderts der einzige Brennstoff, der Temperaturen bis zu 1.200° C erreichen konnten – unbedingt notwendig, um die Erze aus den Harzer Gruben verarbeiten zu können. Ohne den Wald konnten also die reichen Bodenschätze der Region nicht ausgebeutet werden. Das machte schon früh eine nachhaltige Bewirtschaftung erforderlich.

Die **Köhler** waren stolze Leute, legendenumwoben, wenn auch immer etwas gefürchtet. Sie lebten oft allein im Wald und waren meist schwarz vom Ruß. Da sie den kohlenden Meiler nicht aus den Augen lassen durften, standen ihre Hütten immer direkt daneben, mit dem Eingang zum Meiler ausgerichtet.

Steinkohlefunde lösten schließlich die Holzkohleherstellung der Köhlereien ab. Heute wird Holzkohle im Wesentlichen zum Grillen, Filtern und in der Medizin oder Chemie verwandt.

Das Stemberghaus

⌘ ✕ ♀ **Harzköhlerei Stemberghaus**, Stemberghaus 1, 38899 Hasselfelde,
☏ 03 94 59/722 54, 🖥 www.harzkoehlerei.de, 🕘 täglich 9:00-18:00, das Stemberghaus liegt auf der linken Seite des Hexenstiegs, hinter der Holzschnitzerei.

◆ Rechts liegt das einzige deutsche **Köhlereimuseum** mit Souvenirshop. Es gehört zum Stemberghaus (Kontaktdaten und Öffnungszeiten decken sich). Im Biergarten werden Imbisse und Getränke angeboten.

Der Hexenstieg (✎ „Altenbrak") führt auf Schotter geradeaus über das Gelände der Köhlerei, schwingt dann nach halb rechts und quert zum letzten Mal die Stromtrasse (km 6,7).

Folgen Sie 800 m hinter der Stromtrasse an einem querenden Weg der Beschilderung nach links. 100 m weiter biegt der Hexenstieg rechts ab (km 7,6, ✎ „Altenbrak").

↰ Geradeaus liegen die berühmte **Hängebrücke** und die Staumauer der Rappbodetalsperre mit ihren 🎢 Funsportangeboten, die bei Wendefurth (☞ 5. Etappe, km 8,9) beschrieben sind.

In dieselbe Richtung liegt der **Reiterhof an der Talsperre** mit Campingplatz (☞ Wendefurth). Dazu halten Sie sich geradeaus bis an die B81. Der folgen Sie 180 m nach rechts, dann sehen Sie an der Kreuzung halb links schon das Gelände des Reiterhofs und Campingplatzes (900 m vom Hexenstieg entfernt). Noch 800 m weiter an der L96 liegt die Hängebrücke.

Der Rückweg zum Hexenstieg folgt (wie der Hinweg) kurz der L96 bis zur B81, dann nehmen Sie aber direkt gegenüber auf der anderen Seite der B81 den Weg, der Sie in 1,2 km zum Hexenstieg führt.

Nach ca. 500 m beschreibt der geschotterte Forstweg eine weite Linkskurve. Das Gelände wird offener. Am Ende der Kurve biegen Sie an einer Eiche rechts ab („Altenbrak, Treseburg") und erreichen über einen malerischen **Waldpfad** zwischen Buchen, Eichen und einzelnen Fichten stetig steigend den Gipfel der **Schöneburg**. Hier steht die gleichnamige Schutzhütte ❺ mit weiter Aussicht.

Der romantische Waldpfad verliert an Höhe und zieht über einen mit Buchen bestandenen Rücken hinab. Weiter unten wird er zum Schotterweg. In einer Linkskurve zweigt rechts die beschilderte Route nach Altenbrak und Treseburg ab, der Sie folgen.

Der Pfad führt Sie von der Schutzhütte Schöneburg ins Bodetal

Sie wandern über einen halb offenen Hang mit weiten Aussichten über das Tal. Birken, Erlen, Ginster und einzelne Fichten erobern sich das wilde Gelände zurück. In trockenen Zeiten erinnert das Vegetationsbild dieses verbuschten Südhanges an die Macchia des Mittelmeerraumes. Sanft senkt sich die Südroute als schmaler Single-Trail ins Bodetal hinab.

Die Mündung der Südroute in die Nordroute vor **Altenbrak** ist bei km 10,3 erreicht ❺ (weitere Wegbeschreibung bei der ☞ 5. Etappe, km 12,9)

5. Etappe: Rübeland – Treseburg

➲ *18,5 km*, ⧖ *5 Std.*, ↑ *300 m*, ↓ *410 m*, ⇡ *280-440 m*

0,0 km	⇡ 390 m	Rübeland (Philosophenweg, Ecke Bergfeld)
8,9 km	⇡ 350 m	Wendefurth (Talsperren-Informationszentrum)
14,1 km	⇡ 320 m	Altenbrak (Kupferhütte)
18,5 km	⇡ 280 m	Treseburg (Dorfkirche)

Flusswandern heißt heute die Devise – das bedeutet aber nicht, dass es immer eben dahingeht. Immer mal wieder führt der Weg auch vom Wasser hinauf in die Berge. Das wunderschöne Tal mit der munteren Bode bietet Romantik pur. Der Bergbach hat sich tief eingeschnitten und beschreibt immer wieder weite Schleifen, die der Weg über kleine Pässe abschneidet. Die Talsperre Wendefurth ist das größte Gewässer am wasserreichen Hexenstieg; nicht nur hier lässt es sich gut einkehren.

Die Kirche von Neuwerk

In der Bodeschleife, auf der Südseite des Flusses, folgt der **Philosophenweg** dem Wasser in Fließrichtung. Wo von rechts oben die Straße Bergfeld – Teil der gestrigen Etappe – heranführt, liegt heute der Etappenanfang.

Folgen Sie dem rechten Ufer der Bode auf einem lauschigen Single-Trail und später auf geschottertem Pfad. Dieser mündet in eine Schotterstraße, der Sie weiter folgen.

An einer Bodebrücke (die Sie nicht überqueren), 900 m nach dem Startpunkt, treffen Sie auf die Straße nach Neuwerk, der Sie nach rechts folgen. Nach 200 m, hinter dem Ende der Bebauung, biegen Sie rechts auf einen Fußweg ab, der oberhalb und parallel zur Straße durch Mischwald verläuft. Nehmen Sie den Pfad, der direkt an den Felsen entlangläuft. Eine Informationstafel erinnert an eine Erzgrube aus dem Mittelalter und einen Steinbruch, der 1944 aufgegeben wurde.

Am Ortsschild **Neuwerk** führt der Waldweg wieder zur Straße zurück, der Sie in Gehrichtung folgen. Links, auf der anderen Seite der Bode, liegt einladend die ⇌ ✕ ♀ Bodetaler Basecamp Lodge.

⇌ ✕ ♀ Bodetaler Basecamp Lodge, Ortsstraße 1B, ☏ 03 94 54/896 00, ✉ info@bodetaler.com, 🖥 www.bodetaler.com, DZ ab € 100, die Lodge nennt sich Bergsport- und Naturerlebnishotel und bietet u. a. Zimmer mit sonniger Terrasse oder Balkon direkt an der Bode.

Auf der linken Seite taucht eine Straßenbrücke über die Bode auf (km 1,9), die Sie überqueren. Von der Brücke haben Sie einen schönen Blick auf die alte aus Holz erbaute Kirche von **Neuwerk**. Der Ort fand erstmals im 15. Jahrhundert wegen seiner von Mönchen betriebenen Marmormühle Erwähnung. Die gute Qualität des Marmors führte zu dessen Verwendung in vielen Prunkbauten der preußischen Könige. Heute ist Neuwerk ein im ursprünglichen Charakter erhaltener Bergarbeiter- und Hüttenort.

Wenden Sie sich hinter der Brücke rechts zum **Hütteplatz** hin ❶. Hier finden Sie einen überdachten ⊼ Rastplatz mit mehreren Tischen und Bänken, einen Spielplatz und das sehenswerte Holzgebäude der Alten Schule. Am Hütteplatz befand sich ab 1414 die Eisenhütte, das neue Werk, das dem Ort seinen Namen gab. Das Wasser der Bode trieb die Hammerwerke und Blasebälge der Hütte an. Heute informiert hier eine Infotafel darüber.

Folgen Sie dem Straßenbogen aufwärts und biegen dann rechts in die Straße ✎ **Güldenwinkel** ab. Diese Gasse mit hübschen Fachwerkhäusern fällt besonders durch ihren Blumenschmuck auf.

Der Weg wird am Ende der Gasse zu einem Trampelpfad und führt über Wiesen- und Waldhänge oberhalb der Bode entlang.

✋ Vorsicht – nach Regen kann der Weg auf diesem Teilstück rutschig sein.

Der Hexenstieg führt nun längere Zeit auf traumhaftem **Bergpfad** immer wieder auf und ab, mal direkt an der Bode entlang, mal oberhalb des Flusses. Einige steile Abstiege erfordern etwas Trittsicherheit. Oft finden sich schöne Plätze direkt am Wasser. Hier können Sie gut mal Ihre Füße im frischen Wasser kühlen.

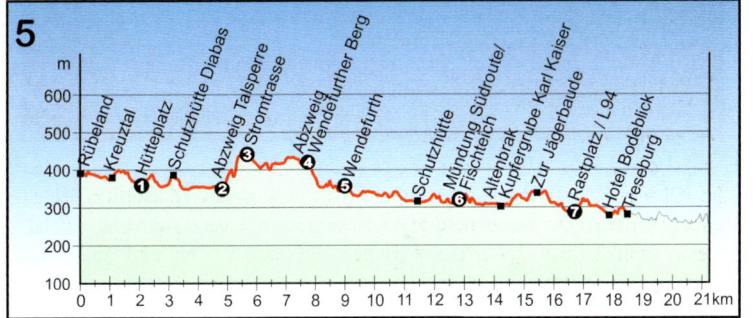

Hin und wieder stauen kleine Felsreihen kleine Badegumpen.

Bald passieren Sie wieder eine ⌂ Schutzhütte (km 3,2). Ein Schild weist auf den Abbau von Diabas hin, einem grobkörnigen basaltischen Gestein, das im Straßenbau Verwendung fand.

Das Geschrei der Wasservögel und die von rechts durch die Bäume glitzernde Wasserfläche künden von einer langen Bucht der **Talsperre Wendefurth**.

☺   Bei Hochwasser oder Nässe weichen Sie auf den Pfad aus, der etwas oberhalb verläuft.

An einer felsigen Stelle (km 4,4) kommen Sie gut ans Wasser (✋ das Baden im Stausee ist allerdings verboten).

Die Talsperre Wendefurth

1968 wurde an der Bode das **Pumpspeicher-Kraftwerk Wendefurth** errichtet. Ein künstliches Oberbecken wird als Speicherbecken benutzt, während die Talsperre Wendefurth als Unterbecken dient. In Schwachlastzeiten wird Wasser aus dem unteren Speicherbecken in das obere gepumpt. Wenn kurzfristig Energie benötigt wird, wird Wasser von oben auf die Turbinen abgelassen, die dann Strom erzeugen. Die Talsperre mit einer 230 m langen und 43 m hohen Staumauer schließt sich an die höhergelegene Rappbodetalsperre an. Vor dem Bau der Talsperre machte die Bode an dieser Stelle eine deutliche Schleife mit einer Furt, daher der Name Wendefurth.

- Talsperrenbetrieb des Landes Sachsen-Anhalt, Timmenröder Straße 1a, 38889 Blankenburg, ☎ 039 44/94 20, ✉ info@talsperren-lsa.de, 🖥 www.talsperren-lsa.de; Führungen durch das Innere der Staumauer Wendefurth finden von April bis Oktober Mi 14:00 und Sa 11:00 statt, außer an Feiertagen. Gruppenführungen sind ganzjährig nach Anmeldung möglich. Die Führungen dauern etwa 1 Std. 30 Min. Eintritt € 4, verschiedene Ermäßigungen, ☎ 039 44/94 22 36.

5. Etappe: Rübeland – Treseburg

Die südlich der Bode gelegene **Rappbodetalsperre** ist seit 1959 das Kernstück des Talsperrensystems Bodewerk. Der weit verzweigte, gut 8 km lange Stausee kann über 100 Mio. m³ Wasser aufnehmen und dient der Trinkwasserversorgung, außerdem dem Hochwasserschutz, der Niedrigwasseraufhöhung, Stromerzeugung und Fischerei. Die 106 m hohe Staumauer ist an der Sohle 80 m breit, hat eine Kronenlänge von 415 m und dient gleichzeitig als Straßenbrücke.

Knapp 500 m weiter führt der Hexenstieg vom Wasser weg und links hinauf ❷. (Die Karte von „Kompass" ist hier etwas ungenau.) Kurz danach gehen Sie an einer Buche (Markierung etwas unscheinbar) rechts.

Aufwärtssteigend gelangen Sie an eine Bank. Hier wenden Sie sich – entgegen der eigentlichen Gehrichtung – nach links. Kurz darauf nehmen Sie aber wieder eine Abzweigung nach rechts, die auf schönem Pfad, aber ungewohnt steil den Berg hinaufführt.

Der Anstieg wird nach 80 hm zunehmend sanfter und bei einer Gruppe von Buchen haben Sie die Höhe erreicht.

Nach einem angenehm ebenen Stück im Mischwald aus Buchen, Birken und anderen Pionierbäumen gelangen Sie in halb offenem Gelände mit Büschen, Gräsern und Bäumen an eine **Stromtrasse** ❸ (⊤, 🖎, km 5,6). Folgen Sie dem grasigen Schotterweg entlang der Stromleitungen nach rechts.

Weiter unten erreichen Sie eine Gabelung und nehmen den schmaleren Pfad geradeaus.

Hier ist der Hexenstieg mit einer weißen Hexe in grünem Kreis markiert, die direkt auf die Bäume gemalt ist.

Hier sieht die Wegmarkierung so aus

Folgen Sie dem Pfad, der überwiegend hangparallel verläuft und immer mal wieder schöne Ausblicke bietet. Ignorieren Sie alle Abzweigungen sowie eine von links oben nach rechts unten kreuzende Schotterstraße.

✋ Die Markierung ist in diesem Teil etwas spärlich.

In der Kurve einer weiteren Schotterstraße findet sich eine 🪧 Beschilderung (km 7,2), die Sie nach rechts Richtung Altenbrak hinunterschickt.

✋ 500 m weiter in einer Rechtskurve ❹ (km 7,7) zweigt etwas unscheinbar ein schmaler Pfad von der Schotterstraße nach unten in den Wald ab (🪧 das Schild hängt etwas versteckt).

Bald stoßen Sie auf eine grasbewachsene Schotterfahrspur, der Sie halb links folgen. Eine △ Nurdachhütte bietet Schutz bei einer Pause.

250 m weiter gewinnen Sie schöne 📷 **Ausblicke auf den See** mit der ⛵ Bootsvermietung, einer schwimmenden Gaststätte und den mächtigen Röhren des Pumpspeicherkraftwerks.

✋ Bei km 8,5, ca. 100 m hinter dem See, führt rechts in spitzem Winkel ein 🪧 beschilderter Pfad zurück hinunter zur **Staumauer** (Abzweigungen vom Pfad ignorieren!).

Viele Schutzhütten sind als Nurdachhaus gebaut

Auf der anderen Seite der Sperre liegen öffentliche Toiletten ❺, die 🛏 ✕ Fischgaststätte Zum Fischer sowie das ⌘ **Talsperreninformationszentrum** (☞ Infos zum Pumpspeicher-Kraftwerk bei km 4,4). An der Mauer können Sie oft beim 🎢 „Wallrunning" zuschauen, wenn mehr oder weniger Mutige am Seil die Mauer hinab abgelassen werden. Sie haben Wendefurth erreicht.

Wallrunning an der Sperrmauer

Wendefurth   🛏 ⛺ ✕ 🍷 ☕ ⚓ 🎢 ⌘ 🐎 🚌 ⇧ ca. 340 m, ca. 50 Ew., ☎ 06502 Thale

- 🛏 ✕ 🍷   Hotel-Restaurant Zur Bode, Alte Blankenburger Str. 1, ☏ 03 94 56/915, ✉ lorenz-reiter@hotmail.de, kleines Hotel mit 5 Zimmern, DZ € 50, 🚫 November-März geschlossen
- 🛏 ✕   Fischgaststätte mit Fremdenzimmern Zum Fischer, Am Stausee 2, ☏ und FAX 03 94 56/945, ✉ info@zum-fischer.de, Preise auf Anfrage, ☺ E-Mails werden selten abgerufen, besser telefonisch anmelden! ☺ Die Forellen kommen direkt aus der Bode in die Pfanne.
- 🛏   Pension Waldfrieden, Bodeweg 1, 📱 015 23/796 08 51, 🖥 www.facebook.com/pensionwaldfrieden, DZ ab € 40
- ♦   B&B Zum Stausee, Am Stausee 1a, ☏ 03 94 56/410 14, ✉ josefine.belanger@gmail.com, 🖥 www.b-bzumstausee.com, zwei kleine Ferienwohnungen, Preis nach Belegung
- 🐎 ⛺ ✕   Reiterhof an der Talsperre, ☏ 03 94 56/569 50 und 📱 01 74/411 63 39, ✉ info@reiterhof-an-der-talsperre.de, 🖥 www.reiterhof-an-der-talsperre.de, € 10,00 je Zelt (bis zwei Personen), der Reiterhof mit Campingplatz liegt etwas abseits (1,1 km, 80 hm) vom Ort Richtung Rappbodetalsperre. Vorbei an Gaststätte und Hofladen Zum Fischer biegen Sie bald rechts in den Wanderweg ein, der über den Rücken zum Reiterhof hinaufführt.

✂️ ⚓ 🎢 Zum Hecht, Am Stausee 2, ☏ 01 71/408 29 72, ✉️ info@erlebnis-talsperre-harz.de, 💻 www.erlebnis-talsperre-harz.de, 🕐 Mitte April-Ende Oktober täglich 10:00-18:00, bei schlechtem Wetter mglw. geschlossen, dieses originelle; weil schwimmende Restaurant haben Sie schon von oben vom Wanderweg aus gesehen. Auf der Speisekarte stehen u. a. fangfrische Forellen aus der Umgebung. Hier können Sie auch Tretboote mieten oder Floßfahrten buchen.

Schwimmende Gaststätte Zum Hecht

🎢 In ca. 2 km Entfernung von Wendefurth gibt es an der Rappbodestaumauer die mit 458,50 m längste Fußgänger-Seilhängebrücke der Welt. Halten Sie sich hinter dem 👉 Reiterhof rechts. Bis zur Hängebrücke sind es dann noch etwa 800 m entlang der L96. An einem Automaten zahlen Sie den Eintritt und können dann über die Brücke spazieren.

- ♦ 🕐 8:00-21:30 (letzter Einlass), Eintritt € 6, Ermäßigungen für Kinder und Gruppen gibt es nur im Besucherzentrum: 🕐 April-Oktober täglich 9:00-18:00, November-März Di-So 10:00-16:00, im Januar geschlossen

Außerdem können Sie hier Pendelschwünge am langen Seil, Abfahrten am Drahtseil, Segwaytouren oder Wallrunning erleben.

🎢 ☏ 03 94 54/20 90 00, ✉️ info@harzdrenalin.de, 💻 www.harzdrenalin.de

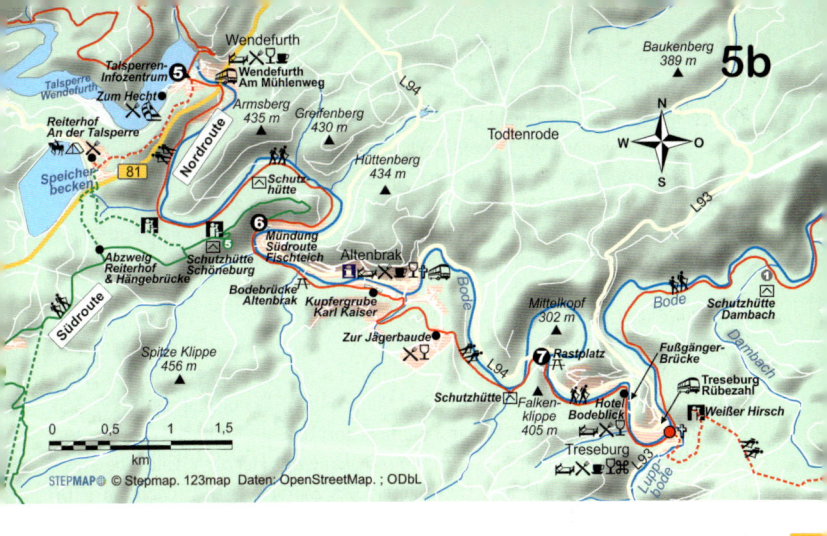

Gehen Sie vom Ende der Staumauer die gepflasterte Straße (Am Stausee) bergab. Unten kreuzen Sie bei km 9,2 die **B81**.

> Auf der anderen Seite der Bode, direkt hinter der Brücke der B81 (nicht überqueren!), liegen die 🛏 ✕ 🍷 Gaststätte Zur Bode mit Biergarten und die 🚌 Bushaltestelle „Wendefurth Am Mühlenweg".

Kreuzen Sie die Straße (aber nicht die Bode) und wandern auf dem asphaltierten Weg (**Bodeweg**) oberhalb der Bode weiter. Gleich links liegt in einem schönen Holzhaus die 🛏 Pension Waldfrieden.

Der Asphalt geht bald in Schotter über und Sie passieren eine △ Schutzhütte (km 11,4). Seit Wendefurth begleiten Sie die muntere Bode durch mehrere Talschleifen.

Sie erreichen 1,5 km hinter der Schutzhütte die **Fischteiche**. Eine Asphaltstraße beginnt. Hier stößt die Südroute (Variante 4.1 & 4.2) des Hexenstiegs von rechts oben, von Hasselfelde kommend, auf den Hauptweg ❻ (km 12,9). Eine Tafel informiert über die Wegvarianten und über die Ludwigshütte, die dort, wo heute die Fischteiche liegen, Produkte aus Eisen herstellte.

Eine Straßenbrücke (🜨) führt bei km 13,6 ↶ links über die Bode nach Altenbrak. Der Ort liegt auf der Nordseite, aber der Hexenstieg verläuft weiter auf der Südseite (rechts) der Bode. Sie können auch die Variante durch den Ort nehmen und über die nächste Straßenbrücke wieder zurück auf den Hexenstieg einfädeln.

Altenbrak 🏨 🍴 🍽️ 🚐 ⇧ 340 m, ca. 400 Ew., ✉ 06502 Thale

ℹ Touristinformation, Unterdorf 5, ☎ 03 94 56/205, ✉ altenbrak@bodetal.de, 🖥 www.altenbrak.de, Zimmervermittlung auch für verschiedene Privatzimmer, 🕐 Di 9:00-12:00, 12:30-17:00, Do 8:30-12:00, 12:30-15:00

🏨🍴🍽 Hotel Weißes Ross, Sankt Ritter 19, ☎ 03 94 56/568 80, ✉ info@hotelweissesross.net, 🖥 www.hotel-weisses-ross-harz.de, DZ ab € 71

🏨 ☕ Café/Pension Theodor Fontane, Forstweg 3, ☎ 03 94 56/336, EZ ab € 55, DZ ab € 90

☺ Weitere Unterkünfte vermittelt die 📞 Tourist-Info.

Der Ort **Altenbrak** entstand vermutlich während der Blütezeit des Bergbaus vom 12. bis ins 15. Jahrhundert. Der Name nimmt Bezug auf die Olde Brak (= Alte Brache). Ein Hüttenbrand hinterließ dort eine große Kahlfläche.

Die historische Heilquelle von Altenbrak diente der Herzogin Christina Luise, Großmutter der Kaiserin Maria Theresia und des Zaren Peter II., schon um 1700 als Gesundbrunnen. Auch der Dichter **Theodor Fontane** besuchte 1884 Altenbrak und verarbeitete seine Eindrücke in seinem 📖 Roman „Cécilie" (ISBN 978-3-15007-791-7, Preis € 6,80), dessen Hauptakteure am Anfang des Buches in Thale Urlaub machen.

500 m weiter sind neben den Sportanlagen die Reste der **Kupfergrube Karl Kaiser** zu sehen, die schon im Dreißigjährigen Krieg aufgegeben wurde.

📷 Wenn Sie zurückblicken, können Sie die Holzkirche von Altenbrak über dem Ort thronen sehen.

Am Ende eines kleinen Parks liegt links wieder eine Brücke (über die Sie kommen, wenn Sie den Schlenker durch Altenbrak gewählt haben). Sie biegen rechts und knapp 50 m weiter hinter dem Haus Marie wieder rechts ab.

Nach gut 250 m zweigt der Hexenstieg nach links ab. Er durchquert dann eine kleine Feriensiedlung mit der 🍴 🍽 Gaststätte **Jägerbaude** und kreuzt eine Asphaltstraße.

🍴🍽 Jägerbaude, Rolandseck 65, ☎ 03 94 56/372, 🖥 www.zur-jaegerbaude.de, 🕐 April-Oktober 10:00-21:00, November-März 10:00-20:00, Mo Ruhetag (außer an Feiertagen), bodenständige Gerichte, Schnitzel, Wild, Fisch

Nach Überqueren der Straße halten Sie sich erst halb links (den Rechtsabzweig ignorierend) und folgen dann der Rechtskurve des Hexenstiegs.

Immer wieder führt der Hexenstieg an die Bode zurück

Der Hexenstieg – wieder näher an der Bode – fällt jetzt sanft, aber stetig ab, bis bei km 16,2 eine ⌂ Schutzhütte mit ⚏ Bänken und Tischen erreicht wird.

Der befestigte Weg führt weiter oberhalb der Bode entlang bis an die Landstraße **L94** heran ❼ (⚏, km 16,7). Diese schneidet die **Bodeschleife**, welche hier weit um die südlich liegende **Falkenklippe** und den nördlich liegenden **Mittelkopf** herumzieht.

Vor der Straße halten Sie sich hier rechts und gehen an einem Strommast vorbei in den Wald hinein. Sie haben die Bode bald wieder auf der linken Seite.

Nach gut 1 km, an einem Wendeplatz, passieren Sie das Grundstück des 🛏 ✕ 🍷 Hotels Bodeblick.

Wandern Sie nun weiter durch **Treseburg** an mehreren Häusern mit 🛏 Hotels, Pensionen und ✕ 🍷 ☕ Gaststätten vorbei.

> ⮕ Eine **Fußgängerbrücke** führt zum anderen Ufer, für Kfz ist eine mit Betonplatten ausgelegte Furt zu erkennen.

Rechts der Bode auf dem Wanderweg und dem Hexenstieg oder links der Bode durch das Dorf wandern Sie die letzten Meter. Das **Ende der 5. Etappe** ist an der **Dorfkirche** (km 18,5) erreicht.

Hier befindet sich auch die **Tourist-Info** mit dem Gemeindebüro. Eine Infotafel weist auf die erstaunlich vielen Übernachtungsmöglichkeiten in Treseburg hin.

Treseburg

🛏 ✕ 🍷 🍺 ⌘ 🚌 ⇧ ca. 300 m, ca. 100 Ew., ☎ 06502 Thale

✋ 🅸 Die Touristinformation ist geschlossen.

🛏✕🍷 Hotel Bodeblick, Halde 1, ☎ 03 94 56/56 10, FAX 03 94 56/561 94, 🖥 hotel.bodeblick.treseburg@t-online.de, 🖥 www.hotel-bodeblick-treseburg.de, EZ ab € 45, DZ ab € 70

♦ Hotel & Restaurant Zur Luppbode, Ortsstr. 26, ☎ 03 94 56/567 51, FAX 03 94 56/56 99 99, ✉ hotel@luppbode.eu, 🖥 www.luppbode.de, DZ ab € 55

♦ Ferienhotel Forelle, Ortsstr. 28, ☎ 03 94 56/56 40, FAX 03 94 56/564 44, ✉ info@hotel-forelle-harz.de, 🖥 www.hotel-forelle-harz.de, EZ ab € 60, DZ ab € 75.

☺ Weitere Übernachtungsmöglichkeiten finden Sie über die einschlägigen Internetportale.

✕🍷🍺 Auf der der Holzkirche gegenüberliegenden Straßenseite liegt am Hang das ✕🍷 Bergcafé (Ortsstraße 27, ☎ 03 94 56/275, ✉ bergcafe_mendorf@gmx.de, 🖥 www.bergcafe-mendorf.de, 🕒 Mi-So 11:00-18:00). Wenige Meter ortsauswärts die Straße hinauf finden Sie auf der linken Seite die ✕🍷 Jägerstube (Ortsstraße 25b, ☎ 03 94 56/370, 🕒 Fr-Di 11:30-20:00) sowie das 🛏✕🍷 Hotel-Restaurant Zur Luppbode (s. o.).

Treseburg, Tor zur Bodeschlucht

1458 wurde in **Treseburg** erstmalig eine Eisen- und Kupferhütte urkundlich erwähnt. Der Ort liegt am linken Bodeufer an der Einmündung der Luppbode. Der Ortsname stammt vermutlich von der Treteburg, die in den Kämpfen Heinrichs IV. gegen die Sachsen um 1080 erwähnt wurde. Die älteren Häuser des nur etwa 100 Einwohner zählenden Ortes bestehen zum größten Teil aus den Steinen der Burg, von der nur noch von Gras überwachsene Grundmauern zu erahnen sind. Sie wurde ursprünglich 965 erbaut und während der Bauernkriege 1525 geschleift.

Um 1900 war Treseburg einer der beliebtesten **Fremdenverkehrsorte** im Harz. Heute lebt der Ort ausschließlich vom Tourismus.

Blick auf Treseburg vom Aussichtspunkt Weißer Hirsch

⌘ Im **Uhrenmuseum** (mit vollem Namen: Museum zur Geschichte der Zeitmessung und der Uhrenentwicklung) wird die Geschichte der Uhr über 5.000 Jahre anhand von 700 Ausstellungsstücken (u. a. Sonnen-, Wasser- und Feueruhren, Turm- und Schwarzwalduhren, Uhren in Fahrzeugen und technischen Geräten u. v. m.) dargestellt.

♦ Uhrenmuseum, Ortsstraße 11, ☎ 03 94 56/567 32,
 treseburg-museum@t-online.de, Mo-Fr 12:00-17:00, Sa und So: 9:00-17:00, Eintritt € 3,50, Kinder ermäßigt

☺ Oberhalb des Ortes befindet sich der Aussichtspunkt **Weißer Hirsch** auf einer 415 m hohen Felsklippe, um die sich eine Sage rankt: Der Ritter von der Treseburg hetzte auf einer seiner Jagden einen mächtigen weißen Hirsch. Angelangt vor dem Steilabsturz der Bodeschlucht blieb für das schöne Tier als einziger Ausweg nur die Rettung hinunter in das Tal der Luppbode. Der Hirsch sprang durch den Wald und über alle Hindernisse. Im oberen Tiefenbachtal, einem Seitenarm des Luppbodetals, verschwand der Hirsch plötzlich in der Erde des Waldes.

Dort, wo ihn der Boden verschluckt hatte, wurden später ergiebige Erzadern gefunden, die viele Jahre den Rohstoff für die Eisenhütten in Thale und Altenbrak lieferten. Der Sage nach hat man den weißen Hirsch an jener Stelle noch viele Jahre danach jeweils am Johannistag, am 24. Juni, gesehen. Wegbeschreibung ☞ 6. Etappe, Variante.

6. Etappe: Treseburg – Thale

⟳ *9,1 km*, ⏱ *2 Std. 30 Min.*, ↑ *140 m*, ↓ *240 m*, ⇧ *180-280 m*

0,0 km	⇧ 280 m	Treseburg (Kirche)
7,1 km	⇧ 220 m	Gasthaus Königsruhe
9,1 km	⇧ 180 m	Thale (Bahnhof)

Zum Ende der Trekkingtour wartet noch ein landschaftlicher Leckerbissen auf den Wanderer: Die Bodeschlucht hat sich als Canyon tief in den Harzrand eingeschnitten und taucht zwischen Treseburg und Thale in spektakuläre Felslandschaften ein. Steile Wände ragen über artenreichem Mischwald auf und zu Recht gilt die Bodeschlucht als eines der Highlights des Harzes.

Thale liegt zu Füßen des Hexentanzplatzes und wer mag, fährt zum Abschluss noch mit der Seilbahn hinauf.

> Das Bodetal sollten Sie gesehen haben! Falls Sie es aber schon einmal besucht haben, können Sie die Variante über den Hexentanzplatz kennenlernen. Dazu gehen Sie von der Kirche die Straße (L93) ein paar Meter ortsauswärts hinauf. In der Rechtskurve zweigen Sie links ab und steigen über den Aussichtspunkt Weißer Hirsch (☞ Treseburg) auf die Hochfläche hinauf. Folgen Sie nun der Beschilderung ✎ Hexentanzplatz. Infos zum Hexentanzplatz und Abstieg zum Ziel finden Sie bei ☞ Thale.

Von der **Kirche** aus (km 0) führt der Weg auf einer Fußgängerbrücke über die Luppbode und geradeaus weiter – immer an der Bode entlang. Ein Drehkreuz und ein Verbotsschild halten Radfahrer fern.

Folgen Sie immer dem Hauptweg, die Route nach Thale ist nicht zu verfehlen. Immer wieder schmücken Felswände die Landschaft. Einzelne Bäume krallen sich in schmalen Rissen fest. Links unten braust die Bode.

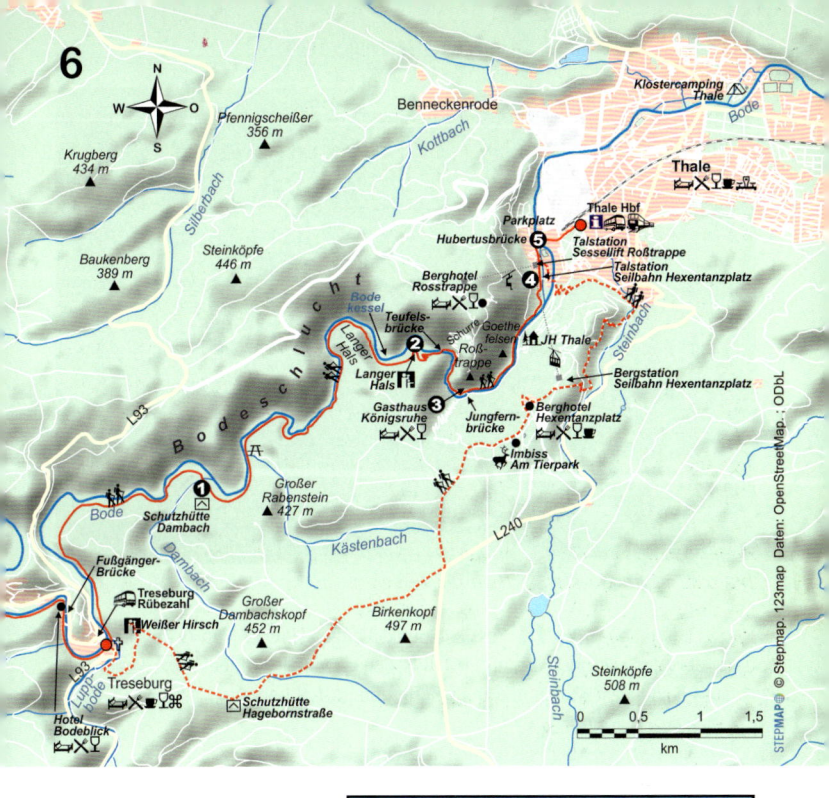

Der **Dambach** wird auf einer Steinbrücke überquert, nebenan steht eine ⌂ Schutzhütte ❶ (km 2,6). Von nun an ist der Weg mit vielen Infotafeln zur Flora und Fauna des Waldes ausgestattet. Der **Kästenbach** wird bei km 3,3 gequert, hier finden Sie eine ⊼ Bank.

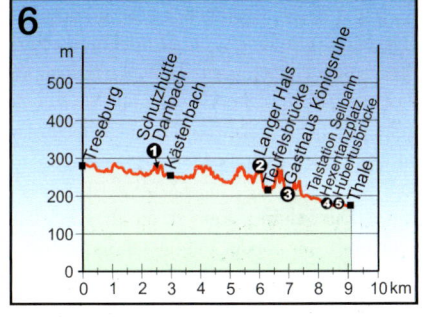

Die Felsen rücken nach und nach immer enger zusammen und das Bodetal wird zur **Schlucht**. Teilweise ist der Hexenstieg jetzt mit einem Geländer versehen. Später quert der Weg einen Schotterhang.

Skurrile Bäume krallen sich an die Felsen

Sie kommen an den 📷 Aussichtspunkt **Langer Hals** ❷ (km 6,2) mit gegenüberliegenden schroffen, bis zu 200 m hohen Granitfelswänden. Kurz darauf geht es auf gemauerten Stufen und über Serpentinen steil bergab.

✋ Hier kann es bei Nässe rutschig sein.

Unten ist der schäumende und sprudelnde **Bodekessel** erreicht. In den höhergelegenen Felswänden sind Strudeltöpfe zu erkennen, die belegen, dass extreme Wasserstände erstaunliche Höhen erreichen können.

Gut 100 m weiter überqueren Sie auf der **Teufelsbrücke** die Bode. Nach weiteren 150 m gelangen Sie zur Schurre. Ein Schild weist hier nach links steil bergauf „Zur Rosstrappe".

> ✋ Die **Schurre** – ein steiler Bergweg – wurde 1864 gebaut und teilweise gepflastert. Sie windet sich in 18 Serpentinen steil empor zur **Rosstrappe** (☞ Thale). Die Schurre verläuft durch ein Geröllfeld mit gewaltigen Schuttmassen und bei stärkeren Regenfällen rutscht und „schurrt" das Geröll talabwärts. Der Wanderweg muss deshalb ständig gewartet werden und ist nur sehr trittsicheren Wanderern zu empfehlen.

Kurz hinter der Schurre gelangen Sie an einen überhängenden Felsen mit Steg. Von hier aus haben Sie einen schönen 🏔 Blick zum gegenüberliegenden Gipfelplateau mit dem **Hexentanzplatz** (☞ Thale).

Am 🛏 ✗ 🍺 Gasthaus Königsruhe ❸ (km 7,1) führt die **Jungfernbrücke** auf die rechte Seite der Bode. Auch dort würden Sie Thale erreichen. Sie bleiben aber auf der linken Flussseite, falls Sie dieser Beschreibung weiter folgen wollen.

Als im Mai 1834 der preußische König Friedrich Wilhelm IV. hier eine Rast einlegte, wurde ihm zu Ehren das Gasthaus 1875 in **Hotel Königsruhe** umbenannt.

🛏 ✗ 🍺 Gasthaus Königsruhe, ☏ 039 47/27 26, ✉ koenigsruhe@t-online.de, 💻 www.koenigsruhe.de, Sie können hier auch übernachten, Übernachtung in Ein- bis Vierbettzimmern ab € 30 p. P. Insgesamt ist es recht schattig, bis auf vormittags, wenn die Sonne von Osten und Südosten in die Schlucht scheint. Der Biergarten wirkt aber immer einladend!

Im Biergarten der Königsruhe geht es morgens noch ruhig zu

Wandern Sie durch den Biergarten der Gaststätte und 500 m weiter an der Bode entlang. Dann wird der Goethefelsen passiert.

Goethe besuchte 1783, 1784 und 1805 das Bodetal und beschäftigte sich u. a. an dieser Stelle mit der Granitverwitterung. Anlässlich seines 200. Geburtstags wurde 1949 die bis dahin **Siebenbrüderfelsen** genannte Felsformation in **Goethefelsen** umbenannt – obwohl der spätere Geheimrat den Harz als ein Gebirge mit „grausigen Felsmassen und fürchterlichen Schlünden" bezeichnete. Der ursprüngliche Name „Siebenbrüderfelsen" stammt aus einer Sage, in der sieben Räuber um eine schöne und gebildete Jungfrau buhlten. Wegen ihres schlechten Rufes wurden sie jedoch alle abgewiesen. Gekränkt und blind vor Wut wollten sich die schmachvoll Verschmähten an dem Mädchen rächen und verfolgten sie im Bodetal. Plötzlich brach ein Unwetter herein, der Himmel verfinsterte sich, Blitze zuckten und Donner über Donner grollte. Die Räuber verschwanden wie vom Erdboden verschluckt, stattdessen waren sieben Felsengebilde aus zerklüftetem Gestein zu sehen.

Ab Königsruhe wird der Weg breiter und komfortabler

6. Etappe: Treseburg – Thale

250 m weiter liegt rechts die **Katerstiegbrücke**. Die ehemalige Gaststätte Waldkater auf der anderen Bodeseite – heute 🏠 Jugendherberge – wurde bereits 1842 errichtet und erinnert vom Namen her an die einst hier heimischen und reichlich vorkommenden Wildkatzen.

🏠 **Jugendherberge** Thale, Waldkater, ☎ 039 47/28 81,
✉ thale@jugendherberge.de, 🖥 thale.jugendherberge.de, 196 Betten, auch Zweibettzimmer, ⚠ die frühere Gaststätte „Kleiner Waldkater" neben der Jugendherberge ist auf absehbare Zeit geschlossen.

Der Hexenstieg biegt sanft nach links um, etwas von der Bode weg. Kurz darauf passieren Sie die Talstation der **Kabinenbahn** zum Hexentanzplatz ❹ (km 8,3). 150 m weiter liegt links der **Sessellift** zur Rosstrappe.

☺ ✋ Wenn Sie Zeit haben, sollten Sie mit der Kabinenbahn zum Hexentanzplatz (☞ Thale, **Hexentanzplatz**) hinauffahren. Nachdem Sie sich oben alles angesehen haben, können Sie alternativ zur Seilbahn auch nach Thale hinunterwandern. Ebenfalls empfehlenswert ist ein Besuch der Rosstrappe. Ein Sessellift führt hinauf (☞ Thale, **Rosstrappe**).

🚠 Thale Seilbahnen, ☎ 039 47/25 00, 🖥 www.seilbahnen-thale.de, 🕒 Karfreitag-Oktober tägl. 9:30-18:00, November-Gründonnerstag tägl. 10:00-16:30, einfache Bergfahrt € 5, Kombikarte für beide Bahnen Berg- und Talfahrt € 10,50

Der Hexenstieg biegt rechts ab und führt Sie ein letztes Mal – auf der Hubertusbrücke ❺ (km 8,7) – über die Bode. Hinter dem Kreisverkehr liegen die Bushaltestellen und der **Bahnhof** (km 9,1), links vom Kreisverkehr der Großparkplatz.

Thale

🛈 🛏 ⛺ ✕ 🍷 🍺 🚂 🎭 🛏 🏛 ✡ 🚗 🚐 🚌
⇧ 180 m, 17.000 Ew., ✉ 06502

🛈 Bodetal-Information Thale, Bahnhofstr. 1, ☎ 039 47/776 80 00,
✉ info@bodetal.de, 🖥 www.bodetal.de, 🕒 Mo-Fr 8:00-18:00, Sa, So, Feiertag 9:00-15:00

🛏✕🍷 Hotel-Restaurant Villa Alice, Walpurgisstr. 26, ☎ 039 47/40 06 40,
✉ info@hotel-alice.de, 🖥 www.hotel-alice.de, EZ ab € 60, DZ ab € 80

◆ Berghotel Rosstrappe ☞ Rosstrappe

🛏✕🍷🍺 Berghotel Hexentanzplatz ☞ Hexentanzplatz

- 🛏 Hoffmanns-Gästehaus, Musestieg 4, ☏ 039 47/410 40, ✉ info@thale-hotel.de, 💻 www.thale-hotel.de, EZ ab € 60, DZ ab € 80, das Gebäude ist eine sehr schön renovierte alte Villa.
- ♦ Pension im Glück, Schillerstr. 18, ☏ 01 71/441 74 57, 💻 www.pension-im-glueck-thale.de, DZ ab € 60
- 🏕 ☞ Jugendherberge bei km 7,9
- △ Klostercamping Thale, Wendhusenstr. 3, ☏ 039 47/631 85, ✉ info@klostercamping-thale.de, 💻 www.klostercamping-thale.de, Preis für 2 Personen mit kleinem Zelt ca. € 16
- ☺ Weitere Übernachtungsbetriebe vermittelt Ihnen die ☞ Bodetal-Information.
- ✕ 🍷 🍽 In Thale finden Sie eine große Anzahl unterschiedlicher Einkehrmöglichkeiten.
- ✕ Sehr beliebt ist das griechische Restaurant Athos, Rudolf-Breitscheid-Straße 22, ☏ 039 47/27 28, 💻 www.athos-thale.de, 🕐 Di-Do 17:30-23:00, Fr-Sa 11:30-14:00, 17:30-24:00, So 11:30-14:00, 17:30-23:00, Mo Ruhetag. Hier gibt es eine breit aufgestellte Speisekarte, die auch Vegetarier glücklich macht.
- 🚕 Taxi in Thale: ☏ 039 47/24 35 oder 039 47/25 05

Auch am Bahnhof Thale schätzt man alte Dampfloks

Bereits im 8. Jahrhundert siedelten an der Stelle des heutigen **Thales** Menschen. Ein Jahrhundert später erhielt ein Gefolgsmann Karls des Großen den Auftrag, herrenlose Ländereien zu finden und in Besitz zu nehmen. Zu der Zeit war der Harz ein unbekanntes und unwegsames Gelände. Wo der Fluss Bode seine enge Schlucht verlässt, stießen die Gefolgsleute Karls des Großen auf eine Quelle – ein idealer Rastplatz. Dankbar versprach der Graf, hier ein Kloster zu errichten, und um das Jahr 825 wurde tatsächlich das **Kloster Wendhusen** erbaut. Schon bald bildete sich eine kleine Siedlung, die im 11. Jahrhundert erstmals als „Dorf im Tale" erwähnt wurde. Das Kloster wurde im 16. Jahrhundert aufgelöst. Heute erinnert nur der fünfgeschossige Wendhusenturm aus der Karolingerzeit an die ehemalige Augustinerabtei.

Die Siedlung aber wuchs beständig und wurde zu einem wichtigen Standort der **Eisenverarbeitung**. Das wild-romantische Bodetal, der sagenumwobene Rosstrappefelsen und der Hexentanzplatz sind bekannte Attraktionen in unmittelbarer Nähe der Stadt. Die interessierten auch **Goethe** und ließen ihn vom „gewaltigsten Felsental nördlich der Alpen" sprechen. Theodor Fontane schrieb 1884 über seinen Besuch in Thale: „Man ist hier gut aufgehoben, gut bedient und gut verpflegt ..."

✤ ⌘ Hexentanzplatz

Zum Hexentanzplatz führt eine **Kabinenseilbahn** hinauf. Sie bietet während der Fahrt ein faszinierendes Panorama mit Blick auf schroffe Felsen, grüne, bewaldete Hänge und die reißende Bode.

Der Hexentanzplatz war sehr wahrscheinlich schon in alt-germanischer Zeit ein Felsplateau, an dem in einer Frühjahrsnacht – der heutigen Walpurgisnacht – Rituale abgehalten wurden.

Nach einer späteren Überlieferung zogen die von den Franken mit Gewalt christianisierten Sachsen zu ihrer alten Kultstätte, um dort ihre heidnischen Bräuche auszuleben. Sie überlisteten die vom fränkischen Herrscher Karl dem Großen aufgestellten Wachen, indem sie sich verkleideten, die Gesichter schwärzten, sich

Von Treseburg führt auch ein Weg direkt zum Hexentanzplatz

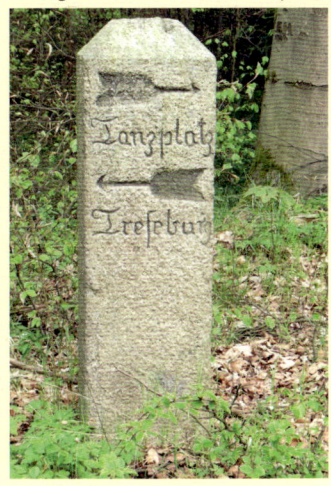

mit Besen und Heugabeln bewaffneten und mit großem Geschrei auf die Wachen losgingen. In Panik flohen die christlichen Wächter und erzählten fortan vom schaurigen Treiben der Hexen und des Teufels.

Oben dreht sich viel um das Thema **Hexen** und um das 🎡 Freizeitvergnügen. So begegnen dem Besucher – teils nicht ganz jugendfreie – Hexenfiguren, Teufelsstatuen oder ein auf dem Kopf stehendes Hexenhaus. Die Allwetter-Rodelbahn **„Harzbob"** zieht vor allem junge Besucher an, ebenso wie der **Tierpark** mit den Wolfs-, Luchs- und Bärengehegen.

🦌 Tierpark Hexentanzplatz, Hexentanzplatz 4, ☎ 039 47/776 80 70, ✉ tierpark@bodetal.de, 🖥 www.bodetal.de, 🕐 Februar-April täglich 10:00-17:00, Mai, September & Oktober täglich 9:00-18:00, Juni-August täglich 9:00-19:00, November-Januar täglich 10:00-16:00, Erwachsene € 7, verschiedene Ermäßigungen, in den Eintrittspreisen ist die Nutzung der Adventure-Hexen-Golfanlage enthalten. Die ist von März bis Oktober geöffnet, außer bei sehr schlechtem Wetter.

♖ Vom Hexentanzplatz aus führt der Sachsenwallweg als Spaziergang zur ehemaligen Homburg, deren Überreste sich im Bereich hinter dem Bergtheater befinden.

Zum Ausklang des Hexenstieg-Abenteuers kann sich der rechtschaffen müde Wanderer auch einfach bei bester Aussicht in den Biergarten des Berghotels setzen und sich des Geschafften freuen.

Auch übernachten können Sie auf dem Hexentanzplatz.

🛏 ✕ 🍷 🍴 Berghotel Hexentanzplatz, ☎ 039 47/47 30, 🖥 berghotel-hexentanzplatz.de, EZ ab € 55, DZ ab € 85, das Gebäude versprüht den Charme der 70er-Jahre, aber die Lage auf der Klippe ist spektakulär. Der Biergarten unter alten Laubbäumen ist schon ein Ziel für sich und gehört sicher zu den aussichtsreichsten im gesamten deutschen Mittelgebirge.

↝ ✣ Rosstrappe

Gegenüber dem Hexentanzplatz, auf der anderen Bodeseite, liegt die Rosstrappe. Das ist ein 403 m hoher, markanter Felsvorsprung, der weit in das Bodetal hineinragt. Hier geht es bedeutend ruhiger zu als auf dem lebhaften Hexentanzplatz. Die Attraktion ist der sagenumwobene „Hufabdruck", der aber den einen oder anderen etwas enttäuscht zurücklässt.

Der Sessellift bietet eine bequeme Fahrt hinauf. Vom Berghotel Rosstrappe führt ein felsiger Weg zu verschiedenen Punkten dieser Felsbastion.

Berghotel Rosstrappe, 06502 Thale, ☎ 039 47/30 11, www.berghotel-rosstrappe.de, DZ ab € 100, das älteste noch erhaltene Gästebuch stammt übrigens aus dem Jahr 1822.

Die **Rosstrappensage** handelt von der schönen Prinzessin Brunhilde. Diese sollte gegen ihren Willen vom groben Böhmenkönig Bodo gefreit werden. Bei einer Verfolgung zu Pferde rettete sich Brunhilde mit einem weiten Sprung über die Schlucht. Der ging gerade so eben gut, aber ihre Krone verlor Brunhilde bei dem gewagten Satz. Der Felsen, von dem ihr Pferd sprang, erhielt später den Namen Rosstrappe. Noch heute kann man dort den Abdruck des Hufeisens von Brunhildes Pferd erkennen. Der wilde König Bodo aber sprang zu kurz und stürzte in die Schlucht, die seitdem seinen Namen trägt (Bode-Schlucht). In einen Hund verwandelt bewacht er bis auf den heutigen Tag im Kronensumpf die Krone der Königstochter Brunhilde.

Thale zwischen steilen Felswänden und Harzvorland

Zu erreichen ist die Rosstrappe von Thale aus mit dem Auto, auf steilem Bergpfad über die Schurre (☞ km 6,7) oder mit dem Sessellift. Von der Rosstrappe haben Sie einen herrlichen Ausblick in das Bodetal und hinüber zum Hexentanzplatz.

Wie natürliche Aussichtstürme ragen die Granitkanzeln aus dem Wald

Index

Index

A

Abreise	18
Altenau	59
Altenbrak	142
Anreise	18
Ausrüstung	19

B

Bodeschlucht	146
Braunlage	93
Brocken	72
Brockenkinder	77
Brockenumgehung	79
Bücher	25
Buntenbock	45

C/D

Camping	19
Clausthal-Zellerfeld	48
Drei Annen Hohne	109

E

Eckerlochstieg	75
Einkaufen	20
Elbingerode	110
Elend	101
Essen und Trinken	20
Etappen	21

F

Fauna	12
Feuersteinklippen	106
Flora	12

G

Geld	21
Geografie	11
Geologie	11
Geschichte	10
Glashüttenweg	76
Goetheweg	68
GPS	22
Grube Samson	87

H

Harzer Schmalspurbahnen	22
Harzklub	22
Hasselfelde	125
Hexen	14
Hexentanzplatz	153
Hohneklippen	108
Hund	31

I

Information	24
Internet	29

K/L

Karten	25
Klima	24
Königshütte	111
Lerbach	41

M

Mandelholz	103
Märchenweg	81
Markierung	25
Medizinische Versorgung	26

N

Nationalpark Harz	26
Neuwerk	134

O

Oderbrück	81
ÖPNV	30
Osterode am Harz	35

P

Pfarrstieg	77
Polsterberger Hubhaus	54
Post	27

R

Radfahren	28
Rehberger Graben	83
Reisezeit	24
Richtung	31
Rinderstall	90
Rosstrappe	154
Rübeland	116

S

Schierke	78
Schierker Feuerstein	79
St. Andreasberg	85
Steinbachtal	110
Stemberghaus	130

T

Tages	29
Talsperre Wendefurth	135
Telefon	29
Thale	151
Torfhaus	64
Trageburg	121
Trautenstein	122
Treseburg	143
Tropfsteinhöhlen	117
Trudenstein	108

U

Unterkunft	29
Updates	30

V/W

Verkehr	30
Wandern ohne Gepäck	31
Wendefurth	139
Westernstadt	127
Wetter	24
Wochenend	29
Wurmberg	96
Wurmbergseilbahn	95

freytag & berndt

www.freytagberndt.com

DIE REISEBUCHHANDLUNG IM HERZEN WIENS

Wallnerstraße 3, 1010 Wien

Tel.: +43-(0)1-533 86 85

shop@freytagberndt.at

Anzeigen

CRUDE

Erlebe den Harz mal anders! ...mit CRUDE!

Spaß und Action auf 6.000 m² Offroadpark

Kirchstraße 31a • 38899 Stiege
Direkt oberhalb vom Schloß Stiege.
☎ 0 39 41 / 62 43 74 oder
☎ 0152 / 53 56 93 28
Parcours auch für Kinder ab 1.40 m ohne Führerschein.

Infos & Buchungen unter: **WWW.CRUDE-HARZ.DE**

Wandern ohne Gepäck auf dem Harzer-Hexen-Stieg

www.harzer-hexenstieg.com

CORSO... Wanderreisen

CORSO... die reiseagentur • Tel. 03521 710501
info@corso-reisen.de • www.corso-reisen.de

Harzer - Hexen - Stieg: Brockenüberquerung

Wandern ohne Gepäck

Das Bodetal
Der Sagenharz

Leistungen:
6x Übernachtung und Frühstück
5x Gepäcktransfer, Rücktransfer
Wanderkarte, Wegbeschreibungen
Wanderpin Hexenstieg
Wanderpass Harzer Wandernadel

Streckenverlauf:
Thale/Bodetal, Brocken,
Oberharzer Wasserregal, Osterode

Preis:
ab 359,00 € p.P. im DZ
EZZ 10,00 € p.P. / Nacht

Buchbar unter:
Bodetal Tourismus GmbH
Walpurgisstraße 37
06502 Thale
Tel. 03947 / 7768012
www.bodetal.de